Rudolf Stammler

Theorie des Anarchismus

Rudolf Stammler

Theorie des Anarchismus

ISBN/EAN: 9783743413177

Hergestellt in Europa, USA, Kanada, Australien, Japan

Cover: Foto ©Suzi / pixelio.de

Manufactured and distributed by brebook publishing software (www.brebook.com)

Rudolf Stammler

Theorie des Anarchismus

Die Theorie

des

Anarchismus.

Von

Dr. **Rudolf Stammler**,
Professor an der Universität Halle a. S.

Berlin.
Verlag von O. Häring.
1894.

Vorwort.

Die nachstehende Abhandlung entspricht in ihrem Kerne inhaltlich einem Vortrage, den der Verfasser am 7. Dezember 1893 im Kaufmännischen Verein zu Magdeburg gehalten hat.

Eine Klärung der theoretischen Grundlagen unserer heutigen anarchistischen Bewegung dürfte nachgerade bringend angebracht erscheinen und den Interessen weiterer Kreise entgegenkommen. Dem Juristen und Nationalökonomen vom Fach werden die Erörterungen über Rechtssatzung und Konventionalregel, sowie meine Begründung des rechtlichen Zwanges Neues zu bieten imstande sein.

Rudolf Stammler.

Inhalt.

I. Einleitung; — Sozialismus und Anarchismus 1
II. Proudhon; — „die naturgemäße Harmonie und natürliche Ordnung des regellosen menschlichen Zusammenlebens" 5
III. Stirner; — „der Verein von Egoisten" 13
IV. Rechtssatzung und Konventionalregel 20
V. Die neuere anarchistische Doktrin; — der kommunistische und der individualistische Anarchismus 27
VI. Die wissenschaftliche Bedeutung der Theorie des Anarchismus . . 33
VII. Begründung des Rechtszwanges 37

I.

Die sich mehrenden Mordanschläge und verbrecherischen Attentate, die in neuester Zeit von anarchistischer Seite ausgegangen sind, haben in weiten Kreisen die Vorstellung erwecken müssen, als ob man es beim Anarchismus nur mit einer Bande halbverrückter und vertierter Fanatiker zu thun habe. Es ist ganz in Vergessenheit gerathen — oder vielleicht niemals besonders weit bekannt geworden —, daß es eine Theorie des Anarchismus giebt, welche eine hochbedeutsame Rolle in der Sozialphilosophie allezeit spielen muß; die zwar von diesen jetzigen Anarchisten nicht sowohl in eine fluchwürdige Praxis umgesetzt, als vielmehr in sich ganz und gar verzerrt und widersinnig gelehrt wird, die jedoch in ihrer reinen Gestalt als eine eigene Philosophie des gesellschaftlichen Lebens von der Sozialwissenschaft niemals ignoriert werden darf und von dieser bis jetzt noch nicht wissenschaftlich überwunden worden ist.

Wenn wir dem gegenüber im folgenden eine Darstellung und Widerlegung der Theorie des Anarchismus geben wollen, so wird es wünschenswert sein, zuvor einige verbreitete Mißverständnisse zu heben, die einer vorurteilslosen Würdigung der einschlägigen Fragen hindernd im Wege stehen.

Hierher gehört vor allem eine Verwechselung oder Zusammenwerfung der anarchistischen Doktrin mit dem Sozialismus.

Es ist einer der landläufigsten Irrtümer unserer Tage, daß der Anarchismus nur eine besondere, weit vorgeschrittene Spielart des Sozialismus sei. In dem Grade fanatischer Erregtheit, meint man, oder in dem gewünschten Tempo des Vorgehens, vielleicht auch in den zur Anwendung zu bringenden Mitteln, da sei vielleicht einiger Unterschied zu entdecken; in der Sache aber laufe beides auf das Gleiche hinaus.

Und doch ist diese Ansicht grundfalsch und sachlich ganz und gar indiskutabel. Auch derjenige, der in den beiden genannten Richtungen, die sich heute in den Kulturländern westeuropäischer Gesittung überall gleichermaßen feindselig gegen die überlieferte Gesellschaftsordnung wenden, nur verderbliche Krankheiten sehen will, würde mit der vorhin besprochenen Konfusion das gleiche naive Urtheil abgeben, als wenn er sagte: Cholera und Gehirnentzündung sind beides todbringende Uebel, also auf dieselben Gründe zurückzuführen.

Der Sozialismus umspannt bekanntlich alle politischen Richtungen, deren Absicht eine planmäßige Rechtsorganisation der wirtschaftlichen Produktion auf dem Wege der Kollektivierung (Ueberführung in das Eigentum der Gesellschaft) der Produktionsmittel ist.

Während dermalen die Erzeugung der für das Leben nötigen, nützlichen und angenehmen Güter innerhalb der menschlichen Gesellschaft einzelnen Unternehmern überlassen ist, die in Ungebundenheit, jeder für sich mit Lohnarbeitern, hervorbringen und auf den Markt werfen, was ihnen gut dünkt; während heute — nach dem Stichworte der Sozialisten — eine „anarchische" Produktionsweise herrscht: so würde nach dem Grundgedanken der sozialistischen Rechtsordnung das wirtschaftliche Leben in planmäßig berechneter Art durch die hierfür organisierte Gesamtheit beherrscht und die ökonomische Produktion von großen Centralpunkten aus geleitet werden. Dabei könnten die Produktionsmittel, der Grund und Boden, Fabriken und Maschinen, Handwerks- und Ackergerät 2c., natürlich nicht dem Produzenten zu endgültigem Rechte verbleiben, sondern wären in das Eigentum der Rechtsgemeinschaft überzuführen, wie es heutzutage mit den res publicae, als Straßen, Wegen, Plätzen, Brücken u. s. w., der Fall ist. Privateigentum würde es nur an Konsumtionsartikeln geben, während es an den Produktionsmitteln rechtlich verboten sein würde.

Auf die Begründung dieses sozialistischen Postulates, insbesondere auf die von allen Seiten viel zu wenig gewürdigte materialistische Geschichtsauffassung, ist an dieser Stelle nicht einzugehen; ich habe das Gesagte nur hervorgehoben, um es im Gegensatze zum Anarchismus vorzustellen und zur Klarheit über diesen Kontrast zu gelangen. Und da ist nun zu bemerken, daß nach den eben gemachten Andeutungen der Sozialismus sich gegen den Inhalt des bestehenden Rechtes, vor allem gegen das überlieferte Privateigentum an den Produktionsmitteln, wendet; daß er eine Entwickelung anstrebt und begünstigt, die der rechtlichen Ordnung zwar eine andere Richtung ihrer Bestimmungen zuweist, den rechtlichen Zwang als solchen aber nicht nur aufrecht erhalten muß, sondern aller Wahrscheinlichkeit nach, namentlich in etwaigen Uebergangsstadien, ganz erheblich verschärfen und in mannigfachster Hinsicht anspannen müßte.

Ganz anders der Anarchismus. Er wendet sich gegen die rechtliche Zusammenfassung überhaupt. Nicht deshalb ist ihm der jetzige soziale Zustand zuwider, weil die rechtlichen Satzungen in demjenigen, was sie bestimmen, sich vergreifen, weil sie unpassend, veraltet und hinter der wirtschaftlichen Entwickelung zurückgeblieben seien, die sie hemmten, anstatt sie zu fördern; sondern er feindet das Bestehende aus dem Grunde an, weil überhaupt eine Zwangsorganisation da ist.

Jeder irgendwelche Zwang, den ein Mensch auf den anderen oder auch ihrer viele gegenseitig auf einander ausüben, auch der sogenannte rechtliche Zwang, ist nach der hier behandelten Lehre in sich ein Unrecht und kann als solches niemals begründet werden. Recht und Gerechtigkeit sind nur Hirngespinnste; es sind Illusionen, denn alle angebliche rechtliche Anordnung kann gar nichts anderes sein als rohe Macht jeweiliger Gewalthaber.

Welches Bild, so fragt der Anarchist, bietet denn Eure Rechtsordnung einer allgemeinen Betrachtung dar? Es ist doch einfach dieses, da der eine Mensch zu dem anderen (auf die Zahl kommt es hierbei nicht an) befehlend sagt: Steh' und betrage Dich so und nicht anders, oder ich zwinge Dich zu jenem und Du wirst schlecht behandelt. Von der kleinsten Polizeiverordnung an bis zu dem weittragenden Gesetz, dessen juridische Bedeutung erst an des Reiches Marken ihr Ende findet oder sogar im sogenannten Völkerrecht sie überschreitet, ist immer die gleiche Erscheinung von Zwangsbefehlen gegeben, die Menschen gegen Menschen erlassen. Wie ist das begreiflich? Worin ist es berechtigt? lautet die Frage des Anarchisten. Gar nicht, antwortet er selbst. Es ist anmaßliche Gewalt, wenn mich jemand gegen meinen Willen zu bestimmen sucht, und es verstößt in unversöhnlicher Weise gegen meine natürliche Freiheit — um so mehr, als man ja in diese überlieferte Zwangsorganisation hineingeboren wird, ungefragt und ungewünscht eintreten muß und darin zu verbleiben hat, bis man später mit unbegreiflicher Erlaubnis dritter Menschen vielleicht ausscheiden darf.

Aber soll denn alles darunter und darüber gehen, wird man einwenden? Wird nicht damit eine allgemeine Unordnung angestrebt, in der die Menschen, wilden Thieren gleich, feindselig kämpfend durcheinander laufen würden?

Eine in derartigen Fragen aufgestellte Vermutung würde die Meinung der Theorie des Anarchismus mit nichten treffen. Denn dieser ist ganz und gar nicht zu verwechseln mit dem Zustande der Anarchie. Bei dem letzteren wird gerade vorausgesetzt, daß ein wirklicher Staatsverband und eine bestimmte Rechtsordnung bestehen, dieselben aber ohnmächtig sind, sich in That umzusetzen und ihren Bestimmungen Realisierung zu verschaffen. Ein solcher trübseliger sozialer Zustand, wie ihn jeder Bürgerkrieg leicht zeitigt, beispielsweise aber auch die Faustrechtsanarchie fast während des ganzen Mittelalters darstellte, bedeutet nun freilich nichts als Gewalt und feindselige Rohheit, die eben unter dem Rechte und trotz des bestehenden rechtlichen

Zwanges geschieht: mit der Frage und dem Wunsche nach sozialer Organisation ohne Anwendung von Rechtsordnung und Staatsbefehl hat der Zustand der Anarchie in diesem Sinne nichts zu thun.

Die Theorie des Anarchismus fordert Ordnung im menschlichen Zusammenleben und erstrebt Harmonie des gesellschaftlichen Daseins; aber es soll eine andere Ordnung sein als die staatliche und es hat rechtlicher Zwang ganz und gar aus dem Spiele zu bleiben.

Wie hat man sich dieses nun positiv vorzustellen? Welche anderen Möglichkeiten ordnender Organisation der menschlichen Gesellschaft verbleiben denn, außer der juristischen?

Die Antwort auf diese Fragen wird von der Theorie des Anarchismus nicht einhellig gegeben. Man findet in ihr vielmehr zwei verschiedene Richtungen, die für die Organisation des sozialen Lebens zwar gleichmäßig den Rechtszwang verwerfen, dafür aber zwei von einander abweichende Ordnungen postulieren. Sie knüpfen jeweils an die Namen der beiden Männer an, auf welche eine positiv aufbauende Theorie des Anarchismus, in seiner Gegensätzlichkeit zur juridischen Zwangsordnung zuerst zurückführt, indessen der Zweifel: ob und wie die verbindende Geltung des Rechts überall zu begründen sei? — ja so alt ist wie die Geschichte der Rechtsphilosophie selbst.

Jene Autoren sind: Pierre Josephe Proudhon (1809—65) und der unter dem Pseudonym Max Stirner bekannt gewordene Kaspar Schmidt (1806—56).

II.

Es giebt kaum einen sozialwissenschaftlichen Denker, über dessen Wert und Bedeutung die Ansichten in der einschlägigen Litteratur so geteilt und auseinandergehend sind wie über Proudhon. Und diese Meinungsverschieden=
heit bezieht sich nicht nur auf seine Begabung und geistige Größe, die von eifrigen Verehrern eben so sehr erhebend betont wird, wie sie von anderen, wie besonders von Karl Marx, geleugnet worden ist; sondern es besteht nament=
lich keine Einstimmigkeit über Verhältnis und Zusammenhang seiner Lehren.

Man weiß, daß Proudhon während seiner Schriftstellerlaufbahn eine ungemein lebhafte Entwickelung durchgemacht hat; und die Litterarhistoriker teilen seine Gesamtthätigkeit gewöhnlich in drei Perioden, deren erste mit der Februarrevolution abschließt, während die zweite die unmittelbar nächsten Jahre nach dieser umfaßt. Aber während Diehl, der eingehendste Biograph unseres Autors,*) zu dem Ergebnisse gelangt, daß in dem Ideengange des geistvollen Denkers innerhalb seiner Entwickelung so viele Schwankungen und oft ganz unvermittelte Meinungsänderungen sich finden, daß die eine Eigentümlichkeit Proudhons, seine widerspruchsvolle Natur in augenfälliger Weise hervortrete: so versichert Mülberger,**) ein genauer Kenner und großer Bewunderer Proudhons, daß dessen Lehre trotz aller geistigen Evo=
lution des Urhebers inhaltlich einen einheitlichen, eben so grandiosen wie logischen Gedankenbau von strenger Folgerichtigkeit darstelle. Daß sich eigentümliche Differenzen und widersprechend erscheinende Lehren in den Schriften Proudhons finden, kann Mülberger nicht in Abrede stellen; aber ähnlich wie Justinian für sein Gesetzbuch fordert er, daß man nur in die Gründe der anscheinenden Antinomien mit tieferem Studium einbringen solle, um den angeblichen Widerspruch durch solche schärfere Erwägung in versöhnende Einheit aufzulösen.

Diese Sachlage erweist sich nun besonders kritisch hinsichtlich unseres Themas: der von Proudhon zuerst in positiver Schärfe aufgestellten Doktrin des Anarchismus. Auch hier findet sich, daß er in späteren Lebensjahren

---

*) Diehl, P. J. Proudhon. Seine Lehre und sein Leben I. Bd. (1888), II. Bd. (1890). Ferner im Handwörterbuch der Staatswissenschaften, Art. Proudhon (1893.)

**) Mülberger, Studien über Proudhon (1891).

frühere Lehren widerruft oder auch ohne dieses neue und widersprechnede Sätze aufstellt. Die Theorie des Anarchismus gehört bei ihm den Schriften seiner ersten Periode an. Schon in seiner allbekannten Schrift „Qu'est-ce que la propriété? Ier mémoire. Recherches sur le principe du droit et du gouvernement" (1840) — mit der viel umstrittenen Formel „la propriété c'est le vol" — bekennt sich der Verfasser als Anarchisten; sodann aber entwickelt er in ausführlicher Darstellung eine eigene Theorie des Anarchismus in den beiden Werken „Les confessions d'un révolutionnaire" (1849) und „Idée générale de la révolution au XIXième siècle" (1851). In seinem zweiten litterarischen Abschnitte aber veröffentlicht er sein Werk „Du principe fédératif" (1852), worin er erklärt, daß das Ideal des Anarchismus niemals verwirklicht werden könne, daß vielmehr die richtige soziale Organisation der Föderalismus sei. Hierunter versteht er eine weitgehende Decentralisation und eine Organisation in kleinen politischen Gruppen, die durch rechtlichen Föderalvertrag unter einer lediglich überwachenden und nur bei Zustimmung aller föderierten Regierungen dekretierenden Centralgewalt zu vereinigen seien.

Das Ideal ist also immer noch der Anarchismus. Aber in welchem logischen Verhältnis nun der Föderalismus zu jenem stehen solle, wird wiederum nicht klar. Mülberger mag auch hier Recht haben, wenn er im allgemeinen bemerkt, daß gewisse Voraussetzungen, mit denen wir in Deutschland an die Werke der Denker heranzutreten pflegen, bei dem besprochenen Schriftsteller nicht zutreffen. „Proudhon ist immer aktuell. Er hat stets die innigste Fühlung mit der lebendigen Gegenwart; er reibt sich beständig an ihr; wo sich ein Problem aufwirft, sofort ist er zur Stelle; er erfaßt es zunächst in der Beleuchtung, welche die Gegenwart demselben zuweist; gräbt dann von hier aus in die Tiefe, wirft einige Goldklumpen von Gedanken heraus und nagelt schließlich das Resultat in irgend einer Formel fest, die den Leser, welcher seine Art, vorwärts zu schreiten, nicht kennt, mehr verblüfft als überzeugt, mehr blendet als erhellt."

Unter so bewandten Umständen und in weiterer Erwägung, daß die anarchistische Gedankenreihe Proudhons für die Entwickelung des Anarchismus überhaupt von grundlegender Bedeutung geworden und geblieben ist, und man in der einen Richtung der Theorie des Anarchismus, mit mehr oder weniger Recht stets auf Proudhonsche Ausführungen zurückgeht, ohne sich darum zu bekümmern, daß ihr Urheber selbst später wesentliche Modifikationen aufgestellt hat, — so schlage ich vor, diese sachlich interessante Erwägung für sich systematisch ausführen zu dürfen.

Es ist also keine Zeichnung von Proudhons Lehre überhaupt, noch ine aus dem Zusammenhange seiner Philosophie fließende Einzeldoktrin, die ich gebe, ja ich möchte uns auch gar nicht in die Fülle von Kontroversen über Auslegung und mögliche Vereinigung von verschiedenen Stellen seiner Werke verstricken. Wir wollen vielmehr die von ihm ausgesprochenen Gedanken benutzen, um systematisch die eine Möglichkeit der Erwägung anarchistischen sozialen Lebens vorzustellen, selbst auf die Gefahr hin, die historische Exaktheit dadurch nicht unwesentlich zu verletzen, daß wir eine unklare und vielleicht nicht ausgedachte Deduktion von uns aus klären und vervollständigen. Für den systematischen Werth eines Gedankens ist die Frage von seiner geschichtlichen Entstehung ganz gleichgültig, und seine Fruchtbarmachung für unseren wissenschaftlichen Aufbau kann durch entscheidende Loslösung aus historischen Zufälligkeiten nur geförbert werden.

Jene Gedankenreihe, deren Erwägung von bleibendem Werthe für den Sozialphilosophen sein muß, ist nun die nachstehende.

Für das Zusammenleben der Menschen besteht eine natürliche Ordnung. Der menschliche Verkehr, die wirtschaftliche Produktion und aller Handel und Wandel, würden schon an und für sich nach gewisser zu Grunde liegender Gesetzmäßigkeit sich abwickeln und in dem Falle, daß man sie absolut frei und ungestört gewähren ließe, in einer naturgemäßen Harmonie sich vollziehen. Diese naturgesetzliche Ordnung des gesellschaftlichen Daseins der Menschen würde also der Art nach eben so vorgestellt werden müssen wie diejenige des Bienenschwarmes, eines Ameisenvolkes oder des oft bewunderten Biberstaates. Und wie bei diesen Tieren Ordnung und Harmonie herrscht, indem sie nur den permanenten Naturgesetzen ihrer Vereinigung folgen, so besteht auch für das menschliche soziale Leben eine natürliche Gesetzmäßigkeit; — nur der Unterschied ist zwischen beiden Klassen der genannten Gemeinschaften vorhanden, daß der Mensch die Gesetze seines Gesellschaftslebens wissenschaftlich zu erkennen im Stande ist, während den Tieren dieses abgeht.

Diese Gesetzmäßigkeit tritt in der natürlichen Harmonie der sozialen Funktionen zu Tage; ihr ist die menschliche Gesellschaft in gleicher Weise unterworfen wie der einzelne Organismus. So wie das Herz pulsiert, die Lunge atmet, so giebt es auch soziale Funktionen, die sich in den einzelnen Akten des geschäftlichen Verkehres, der Erzeugung und des Umsatzes wirtschaftlicher Güter, darstellen. Es ist dieser menschliche Verkehr, alle Produktion irgend welcher Art, der stete Austausch von Sachgütern und Arbeit, das ganze Getriebe des Handels und Wandels, das bei all' seinem tausendfältigen Durcheinandergehen und gegenseitigem eingreifenden Sichberühren, bei seiner anscheinend wirren Ausgestaltung und Regellosigkeit in der That doch einer festen einheitlichen Gesetzlichkeit untersteht. Man braucht sie, meint Proudhon, nur zu suchen und in ihren Einzelgesetzen wissenschaftlich klar zu legen.

Wenn also bereits eine natürliche Ordnung des menschlichen Zusammenlebens besteht, sofern man nur die gemeinsam lebenden Menschen in freier Thätigkeit wirtschaftliche Güter erzeugen, vertreiben und austauschen läßt, so ist eine besonders eingreifende rechtliche Organisation ganz und gar überflüssig, ja sogar schädlich. Denn da diese doch etwas anderes sein will als die Naturregeln des sozialen Lebens, so muß sie notwendig in dessen naturgemäße Ordnung zerstörend eingreifen und jene Harmonie vernichten, unter der sich alle Menschen in Gleichheit und Freiheit gegenüberstehen. Die rechtliche Regelung des Zusammenlebens bedingt deshalb unvermeidlicher Weise Privilegierung Einzelner, Druck und Ausbeutung des einen Rechtsgenossen durch den anderen; und wenn die Ausbeutung des Menschen durch den Menschen, sagt Proudhon, Diebstahl ist, so ist die Regierung des Menschen durch den Menschen Sklaverei.

„Indem die Thätigkeitssphäre jedes Bürgers durch die natürliche Teilung der Arbeit und durch die Wahl des Nahrungszweiges, die jeder trifft, bestimmt ist, indem die sozialen Funktionen in einer solchen Verbindung zu einander stehen, daß sie eine harmonische Wirkung hervorbringen, entsteht die Ordnung aus der freien Thätigkeit aller; es giebt keine Regierung. Wer Hand an mich legt, um mich zu regieren, ist ein Usurpator und Tyrann; ich erkläre ihn für meinen Feind." (Bekenntnisse eines Revolutionärs.)

Diese Auffassung findet Proudhon durch die Geschichte belegt. Die staatlichen Regierungen seien zwar aus der natürlichen Grundlage der Familienverbindung erwachsen; aber sie hätten sich immer auf die Seite der Reichen gegen die Armen gestellt und je länger desto stärker die privilegierenden Unterschiede und die Ungleichheit, und damit Unfreiheit, unter den Menschen betont.

Die Idee der Regierung, sagt er in seiner „Idée générale", stammt von der Familie; sie entstand aus den Sitten der Familie und den häuslichen Gewohnheiten; kein Widerspruch wurde damals laut, die Regierung schien der Gesellschaft eben so natürlich, wie das Verhältnis zwischen dem Vater und seinen Kindern. — Die Erfahrung zeigt in der That, daß immer und überall die Regierung, wie volkstümlich sie auch in ihrem Ursprunge gewesen sein mag, sich auf die Seite der gebildetsten und reichsten Klasse und gegen die ärmste und zahlreichste Klasse gestellt hat; daß sie, nachdem sie sich anfangs sehr liberal gezeigt, sich immer mehr exklusiv gestaltet hat, endlich, daß sie, anstatt die Freiheit und die Gleichheit unter allen aufrecht zu erhalten, hartnäckig daran gearbeitet hat, sie zu vernichten durch ihre natürliche Hinneigung zum Privilegium.

Demnach kommt alles darauf an, jetzt, nachdem die beschriebene Erkenntnis gewonnen worden ist, die Rechtsordnung dadurch zu beseitigen, daß man sie überflüssig macht, indem man die natürliche harmonische Ordnung des freien Verkehrs bewirkt. Man muß das Prinzip dabei festhalten, daß man die Arbeit nicht organisieren dürfe, daß sie dies nur selbst vollbringen könne. Darum ist nötig, daß jeder dahin sein Selbstherrscher wird, daß an Stelle der seitherigen politischen Gewalten die ökonomischen Kräfte treten. Anstatt der Gesetze seien freie Verträge anzunehmen, die von den Mitgliedern der einzelnen — nicht-rechtlichen — frei gebildeten Vereinigungen unter einander auf der Grundlage geschlossen werden, daß niemand gegen seinen Willen unter der Autorität irgend einer Gemeinschaft steht und ökonomisch unbedingt freie Schaffung und ungehinderter Austausch der Produkte herrscht.

Ist dieses nun überhaupt möglich? Und in welcher Art und Weise würde zwecks Erreichung des Zieles vorzugehen sein?

Proudhon hat in der Zeit seiner vollen Anhängerschaft an den Anarchismus nicht nur die erste Frage bejaht, sondern auch die zweite bestimmt zu lösen gesucht. Das Mittel sollte seine viel besprochene Tausch- oder Volksbank werden. Ich hebe nur die hier interessierenden Grundzüge des Projektes hervor.

Nach diesem sollte durch ein „mutualistisches" System der Tausch- und Kreditverkehr dahin auf eine ganz neue Basis gestellt werden, daß das Geld abgeschafft und jeder Zins beseitigt wurde. Die an der Volksbank teilnehmenden Produzenten sollten ihre Erzeugnisse, als Kleidung, Nahrungsmittel, Möbel, Luxusartikel 2c., bei der Bank abliefern, die durch Taxatoren die Preise dieser Waren kontrollieren und feststellen ließ. Dabei sollten aber nur die auf die Herstellung verwandte Arbeitszeit und die Auslagen berechnet werden; auf Gewinn in jeder Form war zu verzichten. Der Lieferant erhielt für seine Ware Tauschbons, für die er dann andere Gegenstände der Bank entnehmen konnte. Indem die Bank außerdem ihren Kunden unentgeltlich Darlehen gewährte, sollte Geld und Zins fallen, der Verkehr sich allmählich nur noch mit jenen Tauschzetteln vollziehen, und so die von Proudhon untergelegte naturgemäße Harmonie des sozialen Verkehrs eintreten. „Mein Bankprojekt, sagt er an einer von Diehl mit Recht mehrfach hervorgehobenen Stelle, war nichts anderes als eine Erklärung, daß die Staatsgewalt das Recht zur Existenz verloren habe. Ich schlug eine Einrichtung vor, deren Gelingen zur Folge gehabt hätte, daß die ganze Regierungsmaschine allmählich beseitigt worden wäre. Der Staat war nichts

mehr mit seiner Armee von 500000 Menschen, mit seiner Million von Beamten, mit seinem Budget von zwei Millionen."

Die hiernach im Februar 1849 zu Paris eröffnete Volksbank, an der schon bei der Begründung über 12000 Produzenten teilnahmen, wurde durch eine wegen politischen Vergehens von Proudhon zu verbüßende Freiheitsstrafe in ihrer Durchführung gehemmt und alsbald zur Auflösung gebracht. Uns interessiert nun hier nur der theoretische Kern der Bestrebungen jenes Sozialpolitikers.

Die Meinung von einer natürlich bestehenden Harmonie als der gesetzmäßigen Grundlage des sozialen Lebens ist unzutreffend.

Wenn es bislang noch nicht hat gelingen wollen, über die erörterte Richtung des Anarchismus allgemein zur Klarheit zu gelangen oder sie in überzeugender Widerlegung zu treffen, so mag dies seinen Hauptgrund darin haben, daß man überall den Begriff des sozialen Lebens, als des hier zu erforschenden Gegenstandes wissenschaftlicher Betrachtung, keineswegs klar eingesehen und gefaßt hat. Anstatt denselben lediglich darauf zu stellen, daß es ein Inbegriff geregelter Wechselbeziehungen unter Menschen sei, schwebt den hier gemeinten Schriftstellern dabei mehr oder weniger bewußt ein irgendwelches Etwas natürlichen Charakters vor, mit der grundfalschen Unterstellung, als ob das soziale Leben zwar durch Regulierung der Menschen vielleicht in einigem beeinflußt werden könnte, — während es in der That überhaupt erst unter der Voraussetzung menschlich gesetzter Regeln Sinn hat und besteht.

Ich verbleibe heute bei dem Gedankengange, zu dem speziell Proudhon anregt.

Es ist bis jetzt ganz und gar nicht gelungen, die Naturantriebe für das Verhalten eines Menschen anderen gegenüber in einem allgemeingültigen Gesetze erkennend zusammenzufassen und für die unendliche Masse natürlicher Triebfedern mit einheitlichem Gesichtspunkte eine gesetzmäßige Einsicht zu erhalten; und man darf billig bezweifeln, ob man dem jemals in einer nennenswerthen Weise anders wird Genüge thun können.

Aber selbst wenn man für das Triebleben zusammenhausender Menschen feste Naturgesetze ihres Benehmens gegen einander gefunden oder diese gar in einheitlicher Harmonie aufgestellt hätte, also daß das Ganze einer menschlichen Gesellschaft einem Ameisenhaufen gleich und ähnlich sich ausnehmen würde, — so könnte es doch das Problem nach dem Begriffe des sozialen Lebens der Menschen nicht erschöpft haben. Denn so viel ist sicher und feststehend, daß man niemals in der von uns überblickten Geschichte bei derartigem Beisammensein stehen geblieben ist, sondern den rohen Stoff natürlichen Nebeneinanderbestehens durch menschliche Regulierung, so zu sagen, technisch bearbeitet hat. Davon kommt auch Proudhon mit seinem freien Austauschverkehr nicht los. Denn in jedem Vertragsschluß irgend welcher Art liegt schon von selbst eine Mobifizierung und eine Bestimmung des Naturlebens des einzelnen Menschen. Wenn letzteres genügte, wie bei Bienen und Bibern, so brauchte man keine Versprechungen und Bindungen, wie solche notwendig in jedem Vertragsschlusse liegen müssen. Hierdurch aber wird in der That im menschlichen Verkehre erst die Zukunft gesichert; indem Rechte und Pflichten begründet werden, die doch nur unter der Voraussetzung einer gesetzten Regel des erwarteten Verhaltens der betreffenden Menschen Sinn und Begriff finden. In geregelten Wechselbeziehungen der Menschen ersteht nun eine neue Welt, eine besondere Art von Objekten einer eigenen wissenschaftlichen Untersuchung und Erforschung, sowohl nach der Seite hin, was sie sind und bedeuten, als auch in der Richtlinie, ob sie, die in ihrer Eigenart lediglich menschlicher That entstammen, so, wie sie sind, auch sein sollten. Aus einfachen Verhältnissen und primitiven Vertragsbindungen zweier einander seither vielleicht ganz fremder Menschen wächst die Regelung des Zusammenlebens verwickelt empor: ein weites unsichtbares Netz breitet sich regulierend über der Menschen Getriebe aus und führt die mannigfachen Fäden, die von dem einen zu anderen bindend laufen, zu einheitlicher Ordnung hin; so erhält man allererst den Begriff des sozialen Lebens, gerade als eines bewußten Gegensatzes zu bloßem natürlichem Triebleben.

Es mag wiederholt werden, daß diese Naturantriebe bis jetzt durchaus nicht in Gesetzmäßigkeit erkannt und dargelegt sind, am wenigsten von Proudhon selbst, der die natürliche Harmonie und Ordnung in ganz dogmatischer Weise unbewiesen aufgestellt hat. Von einer Ordnung des menschlichen Zusammenlebens, abgesehen von derjenigen, die durch normierende Regelung konstituiert wird, wissen wir also nichts. Aber es muß auch betont werden, daß, wie immer man sich ein solches „naturgemäßes" Beisammensein vorstellen mag, ein kultureller Fortschritt in einem Zurückgehen auf jenes gerade nicht gefunden werden kann; so wenig wie in dem Verzichte auf die wissenschaftlich=technische Beherrschung der Natur überhaupt. Es kann sich von diesem Standpunkte aus nur darum handeln, eine rechte und gute Regulierung natürlicher Triebe zu erhalten; nicht aber darum: alle Regulierung kurzer Hand zu beseitigen.*)

---

*) „Man denke sich eine Herde wilder Pferde — und man wird auf vollendete Freiheit, gleichen Anteil aller an allen Rechten, in einem Worte auf vollsten Kommunismus stoßen; dafür ist aber eine Entwickelung hier nicht möglich, denn zur Entwickelung ist es erforderlich, daß es dem einen Teile bedeutend besser, dem anderen schlechter ergehe; die ersten schreiten dann auf

Soweit sich die Theorie des Anarchismus auf Proudhon zurückführen läßt, erscheint sie in ihrer Aufstellung einer von Natur bestehenden harmonischen Ordnung des ungeregelten Zusammenlebens der Menschen ganz und gar unbewiesen; in der Meinung, daß man bei völlig freien Vertragsschließungen nicht ganz von selbst schon eine Regulierung des menschlichen Verhaltens einführe, unklar und inkonsequent; und darum in der Forderung der Abstreifung und Vernichtung aller von Menschen gesetzten Regeln für das soziale Leben durchaus unbegründet.

Kosten der zweiten fort, denn die Natur kennt keine Schonung, wenn es gilt eine Entwickelung zu fördern." — So der russische Sozialist Alexander Herzen (1812—1871). Aber auch hier ist im Gedanken der sozialen Entwickelung die Ordnung durch Regeln vorausgesetzt, nach denen sich das „besser oder schlechter ergehen" doch erst bestimmt. Diese Regulierung ist es, welche die Bedingung und den Hebel des gesellschaftlichen Fortschrittes überhaupt abgiebt. Die Berufung auf „die Natur" als Ausdruck des Kausalitätsgesetzes genügt dabei nicht. Denn bei ausschließlicher Verwendung von Ursache und Wirkung betreffs der einzelnen Erscheinungen erhielte man den Begriff der Entwickelung zu etwas Vollkommenerem gar nicht, da dieses nur unter der Erwägung nach Zwecken gefaßt werden kann; die Entwickelung im Sinne des Fortschrittes ist ohne ideales Ziel, auf welches hin „die Entwickelung fortschreitet", begrifflich gar nicht denkbar. — Ueber das sonstige Verhältniß Herzens zu dem ihm vielfach nahestehenden Proudhon vgl. Sperber (Hans v. Rosen) Die sozialpolitischen Ideen A. Herzens (1894), bes. S. 80 ff.

III.

In ganz anderer Weise als **Proudhon**, und von anderem Ausgangspunkte aus, gelangt **Max Stirner** zu einer theoretischen Begründung des Anarchismus.

Sein Buch „Der Einzige und sein Eigentum" *) enthält den keckſten Verſuch, der jemals unternommen worden iſt, alle irgendwelche Autorität von ſich abzuſchütteln. Hervorgegangen aus konſequenter Weiterbildung von Gedanken **Ludwig Feuerbachs**, beginnt und ſchließt es mit den Worten „Ich hab' Mein' Sach' auf Nichts geſtellt". Während **Feuerbach** ſeine Entwickelung in dem Satze ſelbſt ſchildert: „Gott war mein erſter Gedanke, die Vernunft mein zweiter, der Menſch mein dritter und letzter Gedanke", um ſein religiöſes Grundmoment darin niederzulegen, daß „der Menſch dem Menſchen das höchſte Weſen iſt", ſo will **Stirner** auch dieſes noch als dogmatiſchen Aberglauben beſeitigen. Er ſtellt in Abrede, daß bei dem Feſthalten auch jener Art von Religion der einzelne von allen Banden ererbter und anerzogener Vorurteile vollſtändig frei werden könne, daß er allein ſein Eigener zu ſein vermöge. So verwirft er nicht nur den Glauben an einen perſönlichen Gott und die Beobachtung von deſſen Geboten, ſondern jede religiös bindende Vorſtellung überhaupt als unberechtigt; er bekämpft die Aufſtellung eines Sittengeſetzes und die Notwendigkeit irgendwelcher Verpflichtung unter einem ſolchen; und er leugnet, daß der rechtliche und ſtaatliche Zwang jemals als begründet dargethan werden könne.

---

*) Erſchienen 1845. Hinter dem Pſeudonym verſteckt ſich, wie ſchon bemerkt, **Kaſpar Schmidt**. Ueber das Leben des Verfaſſers iſt nichts weiter allgemein bekannt geworden, als daß er am 25. Oktober 1806 zu Bayreuth geboren worden iſt, nach beendeten theologiſchen und philoſophiſchen Studien in Berlin als Gymnaſial- und Töchterſchullehrer gewirkt hat und in ſeinen ſpäteren Lebensjahren ausſchließlich litterariſch thätig geweſen iſt. Er ſchrieb eine „Geſchichte der Reaktion" und gab verſchiedene engliſche und franzöſiſche nationalökonomiſche Werke überſetzt heraus. Er ſoll in großer Dürftigkeit gelebt haben; und iſt am 26. Juni 1856 geſtorben. — Ueber (unbewußte?) Anklänge an ihn bei Nietzſche vgl. **Schellwien**, Stirner und Nietzſche (1892) und **Lauterbach** in der Vorrede zur Ausgabe des „Einzigen" in Reclams Univerſalbibliothek (1893).

Es sind scharf ausgemeißelte Gedankenzüge, die in lebhaftester Darstellung den einen negativen Grundsatz in so konzentriertem Einbringen verfolgen, daß man sie geradezu für eine ironische Karikatur Feuerbachs ausgegeben hat; — gewiß ganz mit Unrecht. Ein reiches Material aus Geschichte und Politik ist so stark und sicher auf das eine Ziel des Grundgedankens gerichtet und gerade im einzelnen mit derartig tüchtiger Treffsicherheit vorgestellt, daß jenes leichte litterarhistorische Urteil völlig unberechtigt erscheinen muß.

Das hier einschlagende Problem geht darauf: Wie kann der Mensch frei werden und doch zugleich in geregelter Gemeinschaft mit anderen leben?

Rousseau hatte diese Frage mit ganz besonderer Bestimmtheit aufgeworfen und unter Zugrundelegung der rechtlichen Ordnung zu lösen gesucht. „Der Mensch wird frei geboren und überall ist er in Fesseln. Wie ging diese Umwandlung vor sich? Ich weiß es nicht. Wodurch kann sie rechtmäßig werden? Diese Frage glaube ich lösen zu können."

Die Antwort lautet bekanntlich: Die staatlichen Gesetze müssen in jedem Falle so beschaffen sein, daß sie im Einklange mit dem contrat social stehen, jenem Urvertrage, der als Sinn und Inhalt aller Rechtsordnung anzunehmen ist. Ich kann hier nicht auf das elementare Mißverständnis eingehen, als ob der contrat social als eine geschichtliche Thatsache aufgestellt worden wäre und deshalb durch historische Untersuchung seine Bestätigung oder Widerlegung zu finden habe. Das ist durchaus nicht der Fall. Er bedeutet einen philosophischen Ausdruck der Idee des Rechtes und will einen allgemein gültigen Maßstab liefern, an dem jedes staatlich erlassene Gesetz gerichtet werden kann und soll. Ein Rechtssatz ist dann inhaltlich berechtigt, wenn er dem Gesellschaftsvertrage entspricht: „Jeder von uns giebt seine Person und seine Kräfte als Gemeingut unter die obere Leitung des allgemeinen Willens, und wir, als Gesamtkörper, nehmen jedes Mitglied als einen unabtrennbaren Teil des Ganzen auf". Wird dieser contrat social — nicht als historischer Entstehungsgrund des Staates, sondern als ideales Ziel der Rechtsordnung — fest im Auge behalten und im einzelnen — nach hier nicht näher zu verfolgenden Grundsätzen — verwirklicht, so wird daraus ein Recht erwachsen, unter dem die juridisch verbundenen Menschen doch in Freiheit leben. So ist der contrat social des Rousseau das Schiboleth des Liberalismus geworden.

Die anarchistische Doktrin Stirners wendet sich gegen jene rechtsphilosophische Grundlage und gegen die daraus hergeleiteten praktischen Bestrebungen. Er teilt für die hier interessierende Frage den Liberalismus in den politischen und den sozialen, welcher letztere dem Ausdrucke des Sozialismus entspricht.

Der politische Liberalismus ist außer Stande, die Menschen frei zu machen.

Eine liberale Rechtsordnung, sagt Stirner, erkennt als entscheidende rechtliche Macht die Mehrheit an. Dadurch aber wird nur der Herr gewechselt, die Sache der Zwangsorganisation und der dadurch unvermeidlichen Gewalt dem einzelnen gegenüber bleibt bestehen.

„Schon am 8. Juli 1789 zerstörte die Erklärung des Bischofs von Autun und Barrères den Schein, als sei jeder, der einzelne, von Bedeutung in der Gesetzgebung: sie zeigte die völlige Machtlosigkeit der Kommittenten: die Majorität der Repräsentanten ist Herrin geworden. Als am 9. Juli der Plan über Einteilung der Verfassungsarbeiten vorgetragen wird, bemerkt Mirabeau: 'die Regierung habe nur Gewalt, kein Recht; nur im Volke sei die Quelle alles Rechtes zu finden'. Am 16. Juli ruft ebenderselbe Mirabeau aus: 'Ist nicht das Volk die Quelle aller Gewalt?' Also die Quelle alles Rechtes und die Quelle aller — Gewalt! Beiläufig gesagt, kommt hier der Inhalt des 'Rechtes' zum Vorschein: es ist die — Gewalt. Wer die Gewalt hat, der hat das Recht."

„Der Monarch in der Person des 'königlichen Herrn' war ein armseliger Monarch gewesen gegen diesen neuen Monarchen, die souveräne 'Nation'. Diese Monarchie war tausendfach schärfer, strenger und konsequenter. Gegen den neuen Monarchen gab es gar kein Recht, kein Privilegium mehr; wie beschränkt nimmt sich dagegen der 'absolute König' des ancien régime aus!"

Es bleibt also der Staat und die Heiligkeit des Rechtes bestehen; und ich erlange niemals vollkommene Freiheit, die meine Gewalt ist und dadurch zur Eigenheit wird. Der Liberalismus kann immer nur eine bestimmte Freiheit gewähren. Glaubensfreiheit heißt nach ihm nicht Freiheit vom Glauben, sondern von den Glaubensinquisitoren; bürgerliche Freiheit nicht eine solche vom Bürgerthum, sondern von Beamtenherrschaft oder Fürstenwillkür. Und so war es mit dem Freiheitsdrang in allen Zeiten und Lagen. Fürst Metternich sagte einmal, er habe einen Weg gefunden, der für alle Zukunft auf den Pfad der echten Freiheit zu leiten geeignet sei. Der Graf von Provence lief gerade zu der Zeit aus Frankreich fort, als es sich dazu anließ, das „Reich der Freiheit" zu stiften, und sagte: Meine Gefangenschaft war Mir unerträglich geworden, Ich hatte nur eine Leidenschaft: das Verlangen nach — Freiheit.

Bei einer so relativen und subjektiv nur bestimmten Freiheit ist aber das Verbleiben von Zwang und Knechtschaft unvermeidlich. „Der Drang nach einer bestimmten Freiheit schließt stets die Absicht auf eine neue Herrschaft ein, wie denn die Revolution zwar 'ihren Vertheidigern das erhebende Gefühl geben konnte, daß sie für die Freiheit kämpften', in Wahrheit aber nur, weil man auf eine bestimmte Freiheit, darum auf eine neue Herrschaft, die 'Herrschaft des Gesetzes', ausging."

„Alle Welt verlangt nach Freiheit, alle sehnen ihr Reich herbei. O bezaubernd schöner Traum von einem blühenden 'Reiche der Freiheit', einem 'freien Menschengeschlechte'! — wer hätte ihn nicht geträumt? So sollen die Menschen frei werden, ganz frei, von allem Zwange frei! Von allem Zwange, wirklich von allem? Sollen sie sich selbst niemals mehr Zwang anthun? 'Ach ja, das wohl, das ist ja gar kein Zwang!' Nun so sollen sie doch frei werden vom religiösen Glauben, von den strengen Pflichten der Sittlichkeit, von der Unerbittlichkeit des Gesetzes, von — 'Welch' fürchterliches Mißverständnis!' Nun, wovon sollen sie denn frei werden, und wovon nicht?

Der liebliche Traum ist zerronnen, erwacht reibt man die halbgeöffneten Augen und starrt den prosaischen Frager an. 'Wovon die Menschen frei werden sollen?' — Von der Blindgläubigkeit, ruft der eine. Ei was, schreit ein anderer, aller Glaube ist Blindgläubigkeit; sie müssen von allem Glauben frei werden. Nein, nein, um Gotteswillen, — fährt der erste wieder los, — werft nicht allen Glauben von euch, sonst bricht die Macht der Brutalität herein. Wir müssen, läßt sich ein dritter vernehmen, die Republi..... en und von allen gebietenden Herren — frei werden. Damit ist ..... geholfen, sagt ein vierter; wir kriegen dann nur einen neuen Herrn, eine 'herrschende Majorität'; vielmehr laßt uns von der schrecklichen Ungleichheit uns befreien. — O unselige Gleichheit, höre ich dein pöbelhaftes Gebrüll schon wieder! Wie hatte ich so schön noch eben von einem Paradiese der Freiheit geträumt, und welche — Frechheit und Zügellosigkeit erhebt jetzt ihr wildes Geschrei! So klagt der erste und rafft sich auf, um das Schwert zu ergreifen gegen die maßlose Freiheit'. Bald hören wir nichts mehr als das Schwertgeklirr der uneinigen Freiheitsträumer." —

Aber vielleicht finden wir die vollkommene Freiheit mittels des sozialen Liberalismus?

Indem der politische Liberalismus den Unterschied der Privatvermögen bestehen ließ, ja verschärfte und die Herrschaft des Geldes gegenüber der von Geburt oder der Arbeit begründete, hat er die Arbeit ganz unfrei gemacht. Was bietet dem gegenüber der Sozialismus?

„Wir sind freigeborene Menschen, und wohin Wir blicken, sehen Wir Uns zu Dienern von Egoisten gemacht! Sollen Wir darum auch Egoisten werden? Bewahre der Himmel, Wir wollen lieber die Egoisten unmöglich machen! Wir wollen sie alle zu 'Lumpen' machen, wollen alle nichts haben, damit 'alle' haben". — Vor dem höchsten Gebieter, dem alleinigen Befehlshaber, der Mehrheit, waren alle gleich und zu **Nullen** geworden, vor dem höchsten **Eigentümer**, der Gesellschaft, sollen sie nun alle zu **Lumpen** werden.

Druck und Zwang und Ausbeutung — namentlich des Geschickten, Fleißigen, Gewissenhaften durch den Unfähigen, Trägen, Lüderlichen — werden im Sozialismus mit nichten verschwinden.

„Daß der Kommunist in dir den Menschen, den Bruder erblickt, das ist nur die sonntägliche Seite des Kommunismus. Nach der werkeltägigen nimmt er dich keineswegs als Menschen schlechthin, sondern als menschlichen Arbeiter oder arbeitenden Menschen. Das liberale Prinzip steckt in der ersten Anschauung, in die zweite verbirgt sich die Illiberalität. Wärest du ein Faulenzer', so würde er zwar den Menschen in dir nicht verkennen, aber als einen 'faulen Menschen' ihn von der Faulheit zu reinigen und dich zu dem Glauben zu bekehren streben, daß Arbeiten des Menschen 'Bestimmung und Beruf' sei."

Während also das Bürgertum den Erwerb frei machte, zwingt der Kommunismus zum Erwerbe. Man ist der Oberhoheit einer Arbeitergesellschaft unterworfen, die als eine neue Herrin, ein neuer Spuk, ein neues „höchstes Wesen" uns „in Dienst und Pflicht nimmt"; die uns gebe, was wir brauchen, der wir deshalb verpflichtet seien. „Daß die Gesellschaft gar kein Ich ist, das geben, verleihen oder gewähren könnte, sondern ein Instrument oder Mittel, aus dem Wir Nutzen ziehen mögen, daß Wir der Gesellschaft kein Opfer schuldig sind, sondern opfern Wir Uns, es Uns opfern: daran denken die Sozialen nicht." —

Bei allen Freiheitsbestrebungen finden wir verschiedene Schattierungen von Gemäßigteren und Radikalen; aber bei ihnen allen dreht es sich immer um die Frage: Wie frei muß der **Mensch** sein? Wie stellt man es an, daß man bei der Freilassung des Menschen doch zugleich den Unmenschen eindämmt, der in jedem einzelnen steckt?

„Der gesamte Liberalismus hat einen Todfeind, einen unüberwindlichen Gegensatz, wie Gott den Teufel: dem Menschen steht der Unmensch, der Einzelne, der Egoist, stets zur Seite. Staat, Gesellschaft, Menschheit bewältigen diesen Teufel nicht."

Indem man in dem Menschen das „Unmenschliche" unterscheiden will, befindet man sich nach **Stirner** in einer gänzlichen Unklarheit, die näherer Erörterung bedarf.

„Mit dürren Worten zu sagen, was ein Unmensch sei, hält nicht eben schwer: es ist ein Mensch, welcher dem Begriffe Mensch nicht entspricht, wie das Unmenschliche ein Menschliches ist, welches dem Begriffe des

Menschlichen nicht angemessen ist. Die Logik nennt dies ein 'widersinniges Urteil'. Dürfte man wohl dies Urteil, daß einer Mensch sein könne, ohne Mensch zu sein, aussprechen, wenn man nicht die Hypothese gelten ließe, daß der Begriff des Menschen von der Existenz, das Wesen von der Erscheinung getrennt sein könne? Man sagt: der erscheint zwar als Mensch ist aber kein Mensch."

Es besteht also ein Ideal von dem Menschen, wie er sein sollte, das sich lebhaft davon unterscheidet, wie jeder einzelne wirklich ist; und es hat in diesem Sinne in der Geschichte eigentlich nur „Unmenschen" gegeben, — auch nach dem Christentum nur ein einziges Mal einen Menschen, und diesen, Christus, im umgekehrten Sinne wieder nicht, da er als übermenschlicher Mensch, als „Gott" vorgestellt wird.

Und nun vernichte ich — fährt Stirner fort und vollführt dabei eine unerlaubte dogmatische Phantasie — jenen Idealbegriff; ich streiche ihn und verstehe nun unter „Mensch" meine besondere Persönlichkeit, wie sie empirisch vorliegt. Denn Menschen, die wirklich sind, aber keine Menschen wären, weil sie der Aufgabe des Gattungsmenschen nicht entsprechen, wären Gespenster; — das ist die einzige Deduktion, die von Stirner als Unterlage hier genommen wird.

„Bleibe Ich auch dann noch ein Unmensch, wenn Ich den Menschen, der nur als mein Ideal, meine Aufgabe, mein Wesen oder Begriff über Mich hinausragte und Mir jenseitig blieb, zu meiner Mir eigenen und inhärenten Eigenschaft herabsetze, so daß der Mensch nichts anderes ist als meine Menschlichkeit, mein Menschsein, und alles, was Ich thue, gerade darum menschlich ist, weil Ich's thue, nicht aber darum, weil es dem Begriffe „Mensch" entspricht? Ich bin wirklich der Mensch und Unmensch in Einem; denn Ich bin Mensch und bin zugleich mehr als Mensch, d. h. Ich bin das Ich dieser meiner bloßen Eigenschaft."

Hiermit hat Stirner die Grundlage für den Aufbau des sozialen Anarchismus gefunden.

„Der Mensch ist der letzte böse Geist oder Spuk, der täuschendste oder vertrauteste, der schlaueste Lügner mit ehrlicher Miene, der Vater der Lügen. Indem der Egoist sich gegen die Anmutungen und Begriffe der Gegenwart wendet, vollzieht er unbarmherzig die maßloseste Entheiligung. Nichts ist ihm heilig! — Es wäre thöricht zu behaupten, es gebe keine Macht über der meinigen. Nur die Stellung, welche Ich Mir zu derselben gebe, wird eine durchaus andere sein, als sie im religiösen Zeitalter war: Ich werde der Feind jeder höheren Macht sein, während die Religion lehrt, sie Uns zur Freundin zu machen und demütig gegen sie zu sein."

„Darum sind Wir beide, der Staat und Ich, Feinde. Mir, dem Egoisten, liegt das Wohl dieser 'menschlichen Gesellschaft' nicht am Herzen, Ich opfere ihr nichts, Ich benutze sie nur; um sie aber vollständig benutzen zu können, verwandle Ich sie vielmehr in mein Eigentum und mein Geschöpf, d. h. Ich vernichte sie und bilde an ihrer Stelle den Verein von Egoisten."

„Ich will an Dir nichts anerkennen oder respektieren, weder den Eigentümer noch den Lump, noch auch nur den Menschen, sondern Dich verbrauchen. Am Salze finde Ich, daß es die Speisen Mir schmackhaft macht, darum lasse Ichs zergehen; im Fische erkenne Ich ein Nahrungs= mittel, darum verspeise ich ihn; an Dir entdecke Ich die Gabe, Mir das Leben zu erheitern, daher wähle Ich Dich zum Gefährten. Oder am Salze studiere Ich die Krystallisation, am Fische die Animalität, an Dir die Menschen u. s. w.' Mir bist Du nur dasjenige, was Du für Mich bist, nämlich mein Gegenstand, und weil mein Gegenstand, darum mein Eigentum."

„Was soll jedoch werden? Soll das gesellschaftliche Leben ein Ende haben und alle Umgänglichkeit, alle Verbrüderung, Alles, was durch das Liebes= oder Societätsprinzip geschaffen wird, verschwinden? — Als ob nicht immer Einer den Andern suchen wird, weil er ihn braucht, als ob nicht Einer in den Andern sich fügen muß, wenn er ihn braucht. Der Unter= schied ist aber der, daß dann wirklich der Einzelne sich mit dem Einzelnen vereinigt, indes er früher durch ein Band mit ihnen verbunden war: Sohn und Vater umfängt vor der Mündigkeit ein Band, nach derselben können sie selbständig zusammentreten, vor ihr gehörten sie als Familien= glieder zusammen (waren die 'Hörigen' der Familie), nach ihr vereinigen sie sich als Egoisten, Sohnschaft und Vaterschaft bleiben, aber Sohn und Vater binden sich nicht mehr daran."

2*

IV.

Zum vollen Verständnisse der Lehre Stirners werden einige erläuternde Anmerkungen erwünscht sein.

Seine Philosophie stellt sich als ein folgerichtiger Empirismus dar. Er will nur Thatsachen und nichts als solche gelten lassen. Die Idee, als ein Begriff, dem kein Gegenstand in der Erfahrung adäquat (auf sie völlig passend oder kongruierend) gegeben werden kann, und die doch dieser ihre Richtung giebt, ist ihm nichts. Darum kennt er nicht die Idee der Menschheit, sondern nur den jeweiligen konkreten Menschen, über dessen empirische Erscheinung hinaus hier nichts für ihn besteht. So gelangt er notwendig zu dem Postulate eines pflichtenlosen Daseins und zu der alleinigen Möglichkeit seines „Vereins von Egoisten". In der That spricht er dabei in allen seinen Auslassungen über die Unvermeidlichkeit des Egoismus nur dasjenige aus, worauf der rohe Empirismus konsequent kommen muß, vielleicht auch gekommen ist, ohne immer den Mut zu besitzen, es sich und anderen so klar zu machen, wie Stirner es gethan hat.

An dieser Stelle haben wir es im besonderen mit der Nutzanwendung jener Doktrin auf das soziale Leben zu thun. Um sie zu erörtern, habe ich auf einige Vorkenntnisse aus dem Gebiete der Jurisprudenz und der Sozialwissenschaft im allgemeinen einzugehen.

Jeder weiß aus eigener Erfahrung, daß die Regulierung des menschlichen Zusammenlebens mittels einer zweifachen Art von gesetzten Normen geschieht. Dabei wird von den dem Gebote der Sittlichkeit jedem einzelnen unmittelbar erwachsenden Pflichten ganz abgesehen und nur von denjenigen Regeln gehandelt, welche von Menschen gesetzt sind, mit der Aufforderung, daß wir uns ihnen unterwerfen. Die beiden Klassen solcher Regeln sind die rechtlichen Satzungen und die Masse jener Normen, die in den Weisungen von Anstand und Sitte, in den Forderungen der Etikette und den Formen des geselligen Verkehrs im engeren Sinne, in der Mode und den vielfachen äußeren Gebräuchen wie in dem Kodex der ritterlichen Ehre uns entgegentreten. Ich nenne alle diese letzteren die **Konventional= regeln** und frage nun zuvörderst nach dem unterscheidenden Kriterium unserer zwei Klassen.

Der Laie wird vielleicht versucht sein, den Unterschied dahinein zu setzen, daß die Rechtssätze von dem **Staate** ausgehen, während die Konventionalregeln in der Gewohnheit des „**gesellschaftlichen**" Verkehrs ihre Entstehung finden. Aber er würde damit nicht das Zutreffende gesagt haben.

Es ist durchaus nicht notwendig, daß juridische Normen von einer organisierten Gewalt erlassen werden, die wir als die staatliche begreifen. Häufig ist vielmehr im Laufe der Geschichte Recht innerhalb menschlicher Gemeinschaften begründet worden, die keine Staaten in unserem Sinne waren. Fahrende Horden und Stämme und nomadisierende Völkerschaften leben unter rechtlicher Ordnung, aber nicht in einem Staate; und die Kinder Israel stellen während ihrer überlieferten vierzigjährigen Wander= schaft durch die Wüste zwar eine straff zusammengehaltene und streng beherrschte Rechtsgemeinschaft, aber keinen Staat dar; — denn in allen diesen Fällen fehlt die feste Beziehung zu einem bestimmten Territorium, die wir als wesentliches Merkmal dem Begriffe des Staates unterlegen. Dazu kommt, daß in langen Zeiträumen der sozialen Geschichte die Reform und Neubildung des Rechtes der Kirche, autonomen Kommunen und an= deren Körperschaften, selbst Familienverbänden, überlassen war, auf welche wiederum der Begriff des Staates keine Anwendung findet; und daß endlich in dem neuzeitlichen Völkerrecht durch Rechtsquellen, die über den einzelnen Staaten stehen, Rechtsnormen in das Leben zu treten vermögen.

Aber alles dieses möchte mehr zufällig erscheinen können, da es ja jedem frei steht, Wort und Begriff „Staat" auf irgend welche Rechtsge= meinschaft anzuwenden und niemand gerade an die moderne Vorstellung von einem Staatswesen dabei unauflöslich gebunden ist. Wohl aber dürfte das Gesagte hinreichendes Material bieten, um nun zu der Erkenntnis leicht führen zu können: daß man niemals einen Begriff vom Staate zu geben vermag, ohne denjenigen des Rechtes schon vorausgesetzt zu haben. Dieser ist das logische Prius. Man kann die Rechtsordnung definieren, ohne auf die staatliche Organisation im Geringsten Bezug zu nehmen;*) nicht aber ist

---

*) Die Einzelausführung dieser Frage, insbesondere das schwierige Pro= blem nach der Abgrenzung der rechtlichen Zwangsgewalt von roher Willkür= macht muß ich an dieser Stelle beiseite lassen. Zur Durchführung des obigen Gedankenganges ist die abschließende Lösung jener Aufgaben nicht unmittelbar.

es möglich, von einer Staatsgewalt zu reden, es sei denn, daß man rechtliche Bindung von Menschen dabei in Gedanken hätte. So wie der Begriff einer Organisation menschlichen Zusammenlebens überhaupt nur durch Bezugnahme auf menschlich gesetzte regulierende Normen gegeben werden kann, so muß dieses bei dem Staate gerade durch Hinweis auf rechtliche Sätze geschehen, durch welche der Begriff einer staatlichen Gemeinschaft allererst konstituiert wird.

Deshalb ist es unrichtig, die Rechtssatzung von der Konventionalregel dadurch unterscheiden zu wollen, daß jene von dem Staate ausginge. Das ist so wenig ein allgemein gültiges Kriterium des Rechtsbegriffes, daß gerade dieser vielmehr unerläßliche Bedingung ist, um überhaupt sagen zu können, was unter Staat zu verstehen sei: Wer angiebt, daß rechtliche Norm eine staatlich geschaffene Regel sei, hat unbewußt das zu Definierende in die Begriffsbestimmung selber wieder aufgenommen.

Wie nun aber die aufgeworfene Frage richtig zu beantworten sei, darüber findet sich in der sozialwissenschaftlichen Litteratur regelmäßig nicht genügend Schärfe und Klarheit. Selbst ein so scharfsinniger Jurist wie Adolf Merkel sagt hierüber nur dieses,**) daß gegenüber den Normen des Rechtes bei denjenigen der Sitte oder des Herkommens „im allgemeinen das beschränkende Element überwiegt, und für sie die scharfe Ausprägung jener Doppelseitigkeit, die beständige Gegenüberstellung von Sollen und Dürfen, Pflichten und Befugnissen, nicht in der Weise wie für die Rechtsvorschriften charakteristisch ist;" — ein Ausspruch, der auch bei sparsamerer Verwendung aller möglichen reservierenden Klauseln doch nichts anderes als eine recht äußerliche Deskription liefern könnte.

Diese beschreibende Schilderung aber würde dem Begriffe der Konventionalregeln gar nicht gerecht werden. Wer die vorhin von mir angeführten Beispiele erwägt, wird schnell finden, daß Recht und Pflicht bei solchen Normen im Sinne der Regel selbst um nichts weniger scharf sich entsprechen, als es bei der Rechtssatzung der Fall ist. Es dürfte beispielsweise gerade bei den Regeln des geselligen Verkehrs unserer verschiedenen Stände und Gesellschaftsklassen nicht äußerlich versteckt, sondern sofort leicht und deutlich zu erkennen sein, daß in ganz gleicher Weise wie bei dem Rechtsgesetze sich die subjektiven Rechte und Verpflichtungen in Gegenseitigkeit gegenüberstehen und allerdings nicht bloß auf der einen Seite eine Verpflichtung da ist, sondern dieser bei der anderen Partei sehr wohl auch ein Anspruch und eine Befugnis korrespondiert. Oder man denke an das alte

---

erforderlich. Es genügt hier vollständig der feststehende Umstand, daß keine irgendwelche Begriffsbestimmung von staatlicher Organisation gegeben werden kann, ohne dabei die Möglichkeit einer rechtlichen Bindung überhaupt zu verwenden. Ein beliebiger Versuch wird dieses jedem sofort bestätigen.

**) A. Merkel, Juristische Encyclopädie (1885) § 78.

Konventionalgesetzbuch des „Komments" und an die schrillen Satzungen über Satisfaktion und Duell, und jeder wird alsbald gewahren, daß zwischen zwei Personen, die diesen Konventionalregeln unterstehen, Pflicht und Befugnis betreffs ihres Verhaltens zu einander „in schärfster Ausprägung" entsprechend gegenüberstehen.

Allein der sachliche Vorwurf, den ich gegen Merkels Darstellung dieser Frage erheben muß, geht noch tiefer. Merkel beschreibt nämlich einigen bestimmten geschichtlichen Rechtssatzungen gegenüber nur einzelne wenige Konventionalregeln und stellt im Grunde dem regelmäßigen Inhalte unseres heutigen Rechtes den Inhalt von besonders wichtigen Konventionalregeln unserer dermaligen Zeit gegenüber. Und das ist es, was ich ein äußerlich deskriptives Verfahren, eine beschreibende Schilderung von einzelnen historisch gegebenen Regeln nenne. Wir aber wollten wissen: wie sich der Begriff der Rechtssatzung von demjenigen der Konventionalregel abgrenzt, ohne alle Rücksicht auf diesen oder jenen Inhalt, den die eine oder die andere in sich aufgenommen hat und enthält. Denn dieser Inhalt ist durchaus schwankend und beliebig wechselnd. Es giebt Regeln, die wir heute als lediglich Konventionalnormen behandeln, während andere Zeiten genau dieselben Regeln als Rechtssatzungen aufstellten, wie z. B. die Kleiderordnungen, die Gesetze über die Art von Festlichkeiten bei Hochzeiten, Kindtaufen ꝛc.; und wir besitzen umgekehrt im modernen Verkehre, beispielsweise im heutigen Völkerrecht, manche Rechtssätze, die eine alte Zeit ausschließlich als Konventionalregeln gelten ließ.

Die inhaltliche Verwendung der Begriffe Rechtssatzung und Konventionalregel ist also in den einzelnen Zeiten und bei den verschiedenen Völkern auseinandergehend; die Bestimmung dieser Begriffe in ihrer Gegensätzlichkeit muß mithin durch ein von ihrem zufälligen geschichtlichen Inhalte unabhängiges Kriterium, nach der Art ihrer formalen Geltung, geschehen. Für die präzise Frage nach diesem Merkmal, das Rechtssatzung und Konventionalregel trennt, da sie doch in gleicher Weise Normen sind, die von außen her an den einzelnen bestimmend herantreten, ist aus dem citierten „im allgemeinen überwiegen" und „mehr oder weniger charakteristisch" nichts zu entnehmen.

Ich setze das unterscheidende Merkmal von Recht und Konventionalregel in den jeweilig besonderen Anspruch: zu gelten.

Das Recht will objektiv über dem einzelnen in Geltung stehen. Es erhebt den Anspruch, zu gebieten, ganz unabhängig von der Zustimmung des Rechtsunterworfenen, in welcher der Grund der verbindenden Kraft der Rechtsordnung also niemals gesucht werden darf. Die rechtliche Satzung bestimmt, wer ihr unterworfen ist, unter welcher Voraussetzung jemand in ihren

Verband eintritt, wann er ausscheiden darf. Wer sich dem Rechtsgesetze entziehen will und vielleicht äußerlich thatsächlich sich ihm entzieht, der bricht das Recht, aber ist mit nichten davon frei: er steht nach wie vor unter ihm, dessen Geltungsanspruch erst in Gemäßheit seiner eigenen Bestimmung erlischt.

Die Konventionalregel gilt nach ihrem eigenen Sinne lediglich zufolge der Einwilligung des Unterstellten; vielleicht einer stillschweigend abgegebenen, wie es in unserem sozialen Verkehre ja zumeist der Fall sein wird, aber immer zufolge der besonderen Zustimmung. Sobald diese nicht mehr vorliegt und der seither Beherrschte ausscheiden will, kann er es beliebig thun: der Grund der verbindenden Geltung der Konventionalregel ist die äußerlich zusammenstimmende Selbstunterwerfung der einzelnen.

Von einfachen Beispielen des täglichen Lebens an bis zu schwerwiegenden Fragen läßt sich dieses konkret leicht erläutern: Wer nicht grüßt, empfängt keinen Gegengruß; wer keine Satisfaktion giebt, steht außerhalb des ritterlichen Ehrenkodex; und es ist in diesem Sinne unserer Konventionalregeln, wenn neuerdings Sohm für die kirchliche Organisation den rechtlichen Zwang als unberechtigt verwirft und lediglich eine solche, wie wir sagen würden, unter Konventionalregeln als mit dem Wesen der Kirche übereinstimmend anerkennen will *).

Dabei bleibt es selbstverständlich für alle diese Fragen gleichgültig, ob thatsächlich es jemandem leicht fallen wird, aus einer konventionalen Gemeinschaft auszuscheiden, oder ob ihm solches in Wirklichkeit vielleicht die größten Schwierigkeiten verursacht. In dieser Hinsicht faktischer Stärke mögen unsere Konventionalregeln gar manchesmal den entschiedenen Vorrang vor dem juridischen Gebot beanspruchen dürfen. Wer hätte nicht schon unter dem Drucke eines konventionalen Zwanges gelitten; und wie häufig geschieht es geradezu in Konflikten solchen Zwanges mit einem entgegenstehenden Gebote der Rechtsordnung, z. B. bei der Frage nach Annahme und Austragung eines Zweikampfes, daß die Forderung des rechtlichen Gesetzes nicht beachtet wird und die ihr widerstreitende Konventionalnorm den stärkeren Antrieb zu ihrer Befolgung ausübt.

Aber, was wir hier aufstellen, das ist nicht eine geschichtliche Beobachtung und nicht eine Beschreibung und Vergleichung der beiden Klassen von Regeln nach ihrer thatsächlichen Stärke, sondern eine Klarlegung ihrer beiden Begriffe in logischer Hinsicht. Es ist der Sinn des

---

*) Sohm, Handbuch des Kirchenrechts Bd. I: Die geschichtlichen Grundlagen (1892). — Die Leitsätze Sohms sind: „Das Wesen der Kirche steht zu dem Wesen des Rechtes im Gegensatz. Das geistliche Wesen der Kirche schließt jegliche Rechtsordnung aus. In Widerspruch mit dem Wesen der Kirche ist es zur Ausbildung von Kirchenrecht gekommen."

Geltungsanspruches, der bei ihnen beiderseits in der ausgeführten Art im Kontraste liegt. Und damit ist ein allgemein gültiges Merkmal für die Trennung der zwei möglichen Gruppen von Regeln gegeben, das von der Frage, welchen Gebrauch man seither von beiden Begriffen im Laufe der Geschichte gemacht habe oder welchen man noch inszenieren könne, eben so unabhängig ist wie von derjenigen, welcher faktische Einfluß auf den einzelnen Genossen unter diesen oder jenen empirischen Umständen von einer unserer Regelarten wohl erfahrungsgemäß erwartet werden dürfe.

Endlich ist es auch für unsere Erörterung ohne Belang, ob eine Rechtsordnung ihren Unterworfenen das Ausscheiden aus dem rechtlichen Verbande sehr erleichtert, oder sogar ganz beliebig freistellen würde. Wir kennen in der neueren Zeit, früheren engen Gesetzen dieser Art gegenüber, sehr geringfügige Beschränkungen, da nach dem heutigen Reichsrecht jedem deutschen Staatsangehörigen die Entlassung nur aus gesetzlich bestimmten Gründen des Kriegsdienstes verweigert wird, ein Entlassener aber freilich auch regelmäßig binnen sechs Monaten auswandern muß*). Aber wie immer die einzelne Gesetzgebung sich in dieser Frage liberal erweisen möge, stets ist es grundsätzlich die Gestattung der betreffenden Rechtsordnung, welche das befugte Ausscheiden eines Unterworfenen begründet, und jeden Augenblick kann eine Aenderung dieser rechtlichen Bestimmungen erfolgen, wodurch der besondere, mehrfach angegebene Geltungsanspruch des Rechtes sich dann wieder dokumentieren würde.

Es ist deshalb auch ganz mißverständlich, wenn ein Rezensent des Sohm'schen Buches diesem entgegenhält**), daß das Postulat Sohms nur strengen und unduldsamen kirchenrechtlichen Satzungen gegenüber Berechtigung habe, aber liberalen Kirchengesetzen gegenüber versage. Denn auch die am Weitesten gehende Erlaubnis zum Austritt aus der rechtlich organisierten Gemeinde bleibt doch dabei stehen, daß andere Menschen darüber befinden, ob und wann man zu der Kirchengemeinschaft gehöre; und Sohm kann darum mit Fug entgegnen, daß dem Begriffe der Kirche als einer Gemeinschaft der in gemeinsamem Glauben Verbundenen durch jenen Anspruch äußerer rechtlicher Bestimmung der Mitgliedschaft ganz und gar nicht entsprochen werde, daß dieses vielmehr — soweit äußere Veranstaltungen und Vereinigungen erforderlich seien — nur auf dem Wege der Konventionalregeln geschehen könne, zwischen welchen Konventionalgemeinschaften und

---

*) Reichs-Gesetz über die Erwerbung und den Verlust der Reichs- und Staatsangehörigkeit, v. 1. Juni 1870 §§ 15—19. Vgl. auch Zusatzkonvention zum Frankfurter Frieden, die Option von Elsaß-Lothringern betr., v. 11. Dezember 1871 Art. 1.

**) S. Beilage zur „Allg. Ztg." v. 19. Dezember 1892.

noch so liberalen kirchenrechtlichen Verbänden eine unüberbrückbare Kluft unvermeiblicherweise, immer bestehen muß.

Hiernach werden wir den Anarchismus im Sinne der Lehre Stirners schärfer präzisieren können.

Diese Richtung würde also eine soziale Organisation bloß auf ber Grundlage von Konventionalregeln forbern. Es ist, wiederhole ich, auch nach dieser Theorie des Anarchismus durchaus nicht auf Unordnung und Anarchie gewöhnlichen Stils abgesehen; sondern sie geht davon aus, daß ein sich Suchen und Finden der Menschen stets schon stattfinden werde und man sich darüber, ob beim Fehlen des rechtlichen Zwanges überhaupt eine Organisation sein werde, keine Sorge zu machen brauche. Geregelte Vereinigungen werden allezeit bestehen und immer werden die Menschen in geordneten Gruppen leben. Aber diese Organisationen dürfen dann auch weiter keinen Geltungsanspruch über dem einzelnen erheben, als es heute bei unseren Konventionalregeln der Fall ist: der Grund der verbindenden Kraft soll die grundsätzlich freie Zustimmung des Unterworfenen sein; keine soziale Regel kann über das hypothetische: „Wenn du Vortheile von uns willst, so vereinige dich mit uns unter bestimmten Regeln" — befugtermaßen hinausgehen. Das rechtliche und staatliche Gebot ist seinem Begriffe nach bloßer Zwang, enthält an und für sich nichts als brutale Nötigung und kann als etwas anderes denn als rohe Macht und Vergewaltigung gar nicht eingesehen oder gar als berechtigt bezugiert werden.

V.

Weber Proudhon noch Stirner haben im Anarchismus unmittelbare Nachfolge und gleichgesinnte Schule gehabt. Auch als in den sechziger Jahren die moderne anarchistische Bewegung in Fluß kam, hat man innerhalb derselben nur wenig an jene beiden Theoretiker angeknüpft; und erst in der letzten Zeit ist man wieder mehr auf sie als grundlegend zurückgegangen. Aber eine vertiefende Weiterführung der Theorie des Anarchismus ist in seiner neueren Periode der Entwickelung nicht zum Vorschein getreten. Der Wunsch nach alsbaldiger Verwertung für ein praktisches politisches Vorgehen und das Bemühen um brauchbare Schlagwörter und in der Agitation einleuchtende Argumente haben auch hier die Reinheit der wissenschaftlichen Unterlage getrübt. Wo man aber eine haltbare theoretische Basis erstrebte, sind in einer verwirrten und verwirrenden Art die grundsätzlich aus einander gehenden Deduktionen der seither behandelten Schriftsteller verschmolzen worden.

Im folgenden will ich mich auf die Darlegung dessen, was sich als theoretischer Kern des modernen Anarchismus herausschälen läßt, beschränken ohne auf die Geschichte der mannigfachen offenen und geheimen Bünde der Anarchisten, auf die Schicksale der Führer und ihrer Gehilfen, sowie auf die litterarischen Agitationen oder auf die Reibereien und Kämpfe mit anderen Parteien oder den Regierungen besonderen Bezug zu nehmen.*)

---

*) Ueber die äußere Geschichte der anarchistischen Bewegung vgl. Rudolf Meyer, Der Emanzipationskampf des vierten Standes (1875), bes. in Bd. II, der die außerdeutschen Länder schildert; Thun, Geschichte der revolutionären Bewegungen in Rußland (1883); Garin, Die Anarchisten (Autor. Uebers. 1887); Adler im Handwörterbuch der Staatswissenschaften, Bd. I (1890), Art. Anarchismus. — Beiträge zu einer Würdigung der Theoretiker des Anarchismus geben: Reichel, Der Anarchismus in Schweiz. Sozialdem. II. Nr. 45 ff. (1889) Bernstein, Die soziale Doktrin des Anarchismus in Neue Zeit Bd. X Nr. 12 14, 45—47 (1892).

Dabei treten nun innerhalb der modernen Lehre des Anarchismus zwei einander entgegengesetzte Richtungen auf.

Erstens: **Der kommunistische Anarchismus.**

Er gründet sich weniger auf die scharf erwogene Theorie des sozialen Lebens als vielmehr auf unklares gefühlsmäßiges Streben, hergeleitet aus zusammengerafften Beobachtungen und Empfindungen. Sein Fundament ist das Postulat der Brüderlichkeit; sein Ziel die schrankenlose Freiheit eines jeden und dabei die volle Gleichheit aller im Genusse.

Diese Anarchisten wollen eine Gesellschaftsform, in welcher jedes Mitglied sein eigenes „Ich", das heißt seine individuellen Talente und Fähigkeiten, Wünsche und Bedürfnisse zur vollen Geltung zu bringen vermag. Sie verwerfen also alle Regierung, und lassen nur zu, daß sich freie Genossenschaften zwecks gemeinsamer Produktion organisieren. Andererseits verschließen sie sich der Betrachtung gar nicht, daß der einzelne nicht ein von der Gemeinschaft losgelöstes Wesen, sondern deren Produkt ist, von der er alles hat, was er ist und kann; so daß er also nur zurückgeben kann, wenn auch in anderer Form, was er vorher von ihr empfangen hat. Ein Privateigentum soll es deshalb nicht geben. Alles, was produziert ist und produziert wird, ist gesellschaftliches Eigentum, an das der eine eben so viel Anrecht hat wie der andere, da der Anteil, den der einzelne an der Erzeugung der Güter hat, auf keine Art und Weise gerecht bestimmt werden kann. Aus diesem Grunde proklamieren sie die Genußfreiheit, d. h. das Recht eines jeden, seine Bedürfnisse frei und ungehindert zu befriedigen.

Es ist also eine eigentümliche Verschmelzung des Kommunismus mit dem Anarchismus hier gegeben, die in vielem an die Bestrebungen des Babeuf (1795) erinnert und sich selbst in die Formel zusammenfaßt: „Jeder nach seinen Fähigkeiten, jedem nach seinen Bedürfnissen!*)

Wenn aber jemand fragen wollte, wie ein solcher idealer Zustand überhaupt möglich sei, so würde ihm geantwortet werden, daß er die Arbeiter nicht kenne. Diese sind — so lautet die gebräuchliche Auskunft — keine so schmutzigen Egoisten wie die Bourgeois; — wenn sie einmal mit diesen in gewaltsamer Expropriation abgerechnet haben werden, wenn die letzte Revolution geschlagen ist, werden sie sich schon einzurichten verstehen.

Die geschilderte Richtung darf heute als die unter den Anarchisten zumeist herrschende angesehen werden. Besonderen Anteil an ihrer Lehre und Verbreitung haben russische Schriftsteller, vor allem der 1873 verstorbene Bakunin, und dann Krapotkin; ihr hängt die Masse der

---

*) Abweichend also von dem bekannten Satze des Saint-Simonismus „A chacun selon sa capacité, à chaque capacité selon ses oeuvres."

französischen und überhaupt romanischen Anarchisten an; auch viele deutsche abtrünnige Sozialisten. Sie ist es, an die in der neueren Zeit „die Propaganda der That" sich anheftet: da sie in dem rechtlichen Befehle und dem Staatsgesetze nur Gewaltakte sieht, so hält sie sich für befugt, der Gewalt solche wieder entgegenzusetzen; und — noch roher —: sie will die Aufmerksamkeit der erschreckten Welt durch Greuelthaten erregen, um auf die Unhaltbarkeit der bestehenden Zwangsorganisation, gegenüber den erstrebten freien Genossenschaften des brüderlichen Kommunismus, aufmerksam zu machen.

Zweitens: **Der individualistische Anarchismus.**

Seine Lehre kann ein größeres theoretisches Interesse beanspruchen als jene eben besprochenen sozialen Bestrebungen, mit denen er in der Tendenz zwar sympathisiert, die er aber sowohl hinsichtlich ihrer Doktrin als auch betreffs des praktischen Vorgehens als im Irrtume befindlich bekämpft. Er bedeutet innerhalb der anarchistischen Gruppen die kleinere Minderheit. Seine Hauptvertreter in der modernen Litteratur sind Tucker*) und Mackay**).

In einem höchst interessanten Buche***) führt der zuletzt genannte Schriftsteller den Leser in das volle Getümmel des sozialen Lebens von London, und zwar im Spätherbste 1887, zu einer Zeit, da die Anarchistenprozesse in Chicago schweben und die Augen der bürgerlichen Welt wie der Revolutionäre in gleicher Spannung auf sich ziehen. Eine ungewöhnliche Gabe plastischer Schilderung und eindringlichen Ausmalens wohnt dem Verfasser bei; und man kann nach seinem Werke London geradezu aus der Ferne kennen lernen. Wir folgen ihm in das entsetzliche Elend des Ostendes, durch aufregend ergreifende Szenen des niedersten Lebens von Menschen, in das Wogen der packend geschilderten Volksversammlung auf Trafalgar Square, durch das Getümmel und Getriebe der Weltstadt, vorüber an ihr, von der nach seiner Meinung die erste Ursache alles sozialen Unglückes ausgeht, — der „Bank von England", und in die stillen Quartiere der Besitzenden und die feinen Restaurants am vornehmen „Strand".

---

*) Herausgeber der in New-York erscheinenden Zeitschrift „Liberty, not the daughter, but the mother of order."

**) U. a. auch Ibsen. S. dessen Briefe an Brandes: „Der Staat ist der Fluch des Individuums. Womit ist Preußens Staatsstärke erkauft? Mit dem Aufgehen des einzelnen im politischen und geographischen Begriff. Der Kellner ist der beste Soldat. — Der Staat muß fort! Bei dieser Revolution werde ich sein. Man untergrabe den Staatsbegriff, man stelle die Freiwilligkeit und das geistig Verwandte als das einzig Entscheidende für eine Vereinigung auf, das ist der Beginn zu einer Freiheit, die etwas wert ist."

***) Die Anarchisten. Kulturgemälde aus dem Ende des 19. Jahrhunderts. (1891; Volksausgabe 1894.)

In diesem London treffen sich nun ganz besonders die politischen
Flüchtlinge aller Nationen und die Vertreter aller extremen sozialen Partei=
ungen, namentlich der anarchistischen; in ihrer Vorführung, die sich auf
wirkliche Beobachtung geschichtlicher Persönlichkeiten stützt, in der Teilnahme
an ihren Versammlungen und Diskussionen, in dem Besuche der revolu=
tionären Klubs und dem Belauschen der sozialen Zwiegespräche liegt der
Hauptreiz des Buches.

Auch über unsere Frage, die nach dem kommunistischen und dem
individualistischen Anarchismus, haben an einem Sonntagnachmittage im
kleinen Kreise bei Auban, dem Helden des Verfassers, Erörterungen stattge=
funden, in denen der Kommunist Otto Trupp mit seinen Darlegungen im
Sinne der vorhin von mir geschilderten Tendenzen einen offenbaren Eindruck
gemacht hatte.

Ich kann mir nicht versagen, die hier interessierende und äußerst be=
zeichnende Stelle vollständig wiederzugeben:

„Noch eine einzige und letzte Frage an Dich, Otto," erklang Aubans
laute und harte Stimme, „nur diese einzige noch:

Würdet Ihr in dem Gesellschaftszustand, den Ihr „freien Kommunis=
mus" nennt, die einzelnen daran hindern, ihre Arbeit unter Zuhilfenahme
eines von ihnen geschaffenen Austauschmittels unter einander auszu=
tauschen? Und ferner: Würdet Ihr sie daran hindern, Grund und Boden
in persönlichen Besitz zum Zwecke persönlicher Benutzung zu nehmen? —"

Trupp stutzte.

Die Anwesenden erwarteten wie Auban gespannt seine Antwort.

Aubans Frage war unentrinnbar. Antwortete er mit „Ja!", so gab
er zu, daß der Gesellschaft das Recht der Gewalt über den einzelnen
zustand, und warf damit die von ihm stets glühend verteidigte Auto=
nomie des Individuums über den Haufen; antwortete er dagegen mit
„Nein!", so gestand er das von ihm noch eben so emphatisch negierte Recht
des Privateigentums zu.

Er sagte daher:

„Du siehst alles mit den Augen des heutigen Menschen an. In der
zukünftigen Gesellschaft, wo alles zur freien Verfügung aller gestellt ist,
wo es einen Handel im heutigen Sinne also nicht mehr geben kann, wird
jedes Mitglied meiner innersten Ueberzeugung nach freiwillig auf die
alleinige und ausschließliche Okkupation von Grund und Boden verzichten—"

Auban war wieder aufgestanden. Er war um etwas blässer gewor=
den, als er jetzt sagte:

„Wir sind noch nie unehrlich gegen einander gewesen, Otto. Laß' es
uns heute nicht werden. Du weißt so gut wie ich, daß diese Antwort
eine Ausflucht ist. Ich aber halte Dich jetzt: Beantworte mir die gestellte
Frage, und beantworte sie mir mit Ja oder Nein, wenn Du willst, daß
ich jemals wieder eine Frage mit Dir bespreche —"

Trupp kämpfte offenbar mit sich. Dann antwortete er — und es war
ein Blick auf seinen Genossen, welcher ihn noch soeben angegriffen, und

dem gegenüber er nie und nimmer das Prinzip der persönlichen Freiheit
in Schatten gestellt hätte, der ihn sagen ließ:

„In der Anarchie muß jede Anzahl Mitglieder im Stande sein, sich
nach Belieben zu organisieren, um so ihre Ideen ins Praktische zu über=
setzen. Auch sehe ich nicht ein, wer einen andern gerechterweise von dem
Land und dem Hause, das er bebaut und bewohnt, vertreiben könnte..."

„So habe und halte ich Dich!" rief Auban. „Mit dem, was Du eben
sagtest, stellst Du Dich in schroffen Gegensatz zu den bis jetzt von Dir
verteidigten Grundsätzen des Kommunismus.

Du hast das Privateigentum zugestanden: an Rohprodukten und an
Land. Du hast das Recht auf den Arbeitsertrag ungeschmälert befür=
wortet. Das ist Anarchie.

Die Redensart: Alles gehört Allen — ist gefallen, gestürzt von Deiner
eigenen Hand.

Ein einziges Beispiel nur, um alle Mißverständnisse unmöglich zu
machen: Ich besitze ein Stück Land. Ich verwerte seinen Ertrag. Der
Kommunist sagt: Das ist ein Raub am allgemeinen Gut.

Aber der Anarchist Trupp — jetzt zum ersten Male nenne ich ihn
so! — sagt: Nein. Keine Macht der Erde hat ein anderes Recht als
das der Gewalt, mich von meinem Besitztum zu vertreiben, mir den
Ertrag meiner Arbeit auch nur um einen Pfennig zu schmälern.

Ich ende. Mein Zweck ist erfüllt.

Ich habe bewiesen, was ich beweisen wollte: daß es zwischen den
beiden großen Gegensätzen, in denen sich die Welt der Menschen bewegt,
zwischen Individualismus und Altruismus, zwischen Anarchismus und
Sozialismus, zwischen Freiheit und Autorität keine Versöhnung giebt." —

Aber auch bezüglich des praktischen Vorgehens waltet zwischen den beiden
Gruppen der Anarchisten ein Gegensatz ob, indem die individualistische Richtung
die Propaganda der That verwirft. Sie erwartet alles von der Aufklärung
und dem langsamen Fortschritte der Vernunft, wodurch ein jeder sich selbst
finden und sich überzeugen werde, daß alle staatliche und rechtliche Gewalt
irgendwelchen Inhaltes in sich ungerecht und schlecht sei, und daß umgekehrt
eine Möglichkeit eines völlig freien harmonischen gesellschaftlichen Daseins
bestehe. Die jetzige kapitalistische Gesellschaftsordnung, so meinen sie, sei
freilich ganz und gar unberechtigt und unhaltbar; an ihre Stelle werde der
Sozialismus treten. Dieser aber sei „die letzte Universaldummheit der Mensch=
heit"; eine Leidensstation, die auf dem Wege zur Freiheit zurückgelegt werden
müsse. Denn er werde einen derartigen Zwang und Druck und eine Ausbeutung
der Minderheit durch die Mehrheit mit sich führen, daß das Streben und
Drängen nach Freiheit die sozialistische Rechtsordnung wieder auflösen müsse.
Dann aber könne man natürlich nicht zu veralteten und untergegangenen Staats=
organisationen greifen; sondern es werde die Menschheit zu freier Assoziation
im Sinne des Anarchismus, also blos durch Konventionalregeln, schreiten.

Wenn nun der individualistische Anarchismus die Unklarheiten und

Widersprüche des kommunistischen vermeidet, so bedeutet er trotzdem keinen
theoretischen Fortschritt über Stirners Doktrin hinaus. Mackay will einen
solchen augenfällig dadurch erreichen, daß er mit Proudhonschen Gedanken
das Moment ökonomischer Erwägung hineinnimmt; er meint, daß bei freien
Gesellschaften im Sinne Stirners eben die harmonische naturgemäße Wirt=
schaft Proudhons erreicht werden würde. *)

Aber diese behauptete natürliche Harmonie durch freie Konven=
tionalregeln trägt in sich schon den Keim des Widerspruches und der Un=
haltbarkeit. Wenn wirklich eine naturgemäße Ordnung schon an und für
sich unter den Menschen herrschen würde, so wäre „die freie Assoziation
zu bestimmtem Zwecke" als Ganzes gar nicht mehr nötig. In der That
aber hat auch Mackay nicht bewiesen, daß Gesetze des wirtschaftlichen
Lebens ohne Rücksicht auf zu Grunde liegende Regulierung des menschlichen
Nebeneinanderbestehens möglich seien; und daß sich „die Interessen der
Menschheit nicht feindlich gegenüberstehen, sondern daß sie sich harmonisch
vereinen, wenn ihnen nur der freie Spielraum zu ihrer Entfaltung nicht
genommen oder geschmälert wird". Vielmehr stellt er in bezeichnender
Weise diese aus Proudhon herübergenommenen Sätze am Schlusse seines
Buches programmatisch als Aufgabe hin, die der genannte Auban dort
sich für die Zukunft vornimmt.

Andererseits braucht der Stirnersche „Verein von Egoisten" die von
Mackay angebotene Verstärkung seiner Deduktion gar nicht. Sobald man
Stirner seine Prämissen zugiebt — daß es nämlich außer und neben der
Beachtung des einzelnen empirischen Menschen gar kein Erwägung eines pflicht=
gemäßen Soll gebe —, bleibt zunächst gar nichts anderes übrig als die bloße
formale Möglichkeit, konventional sich mit anderen Egoisten zu vereinen.
Welchen Inhalt diese Vereinigten aber ihren Konventionalregeln geben werden,
ist eine ganz offene Frage; und völlig konsequent sagt Stirner darüber nur: „Was
ein Sklave thun wird, sobald er die Fesseln zerbrochen, das muß man — erwarten".

---

*) „Er (Auban) sah jetzt, was es war, das Proudhon unter Eigentum
(in dem Satze: „la propriété c'est le vol") verstanden hatte: nicht der
Ertrag der Arbeit, welchen er stets gegen den Kommunismus verteidigt, sondern
die gesetzlich geschützten Privilegien dieses Ertrages, wie sie in den Formen des
Wuchers, vornehmlich denen des Zinses und der Rente, auf der Arbeit lasten
und die freie Cirkulation derselben hemmen; daß Gleichheit bei Proudhon nichts
anderes heißt, als Gleichheit der Rechte, und Brüderlichkeit nicht Entsagung,
sondern kluge Erkenntnis der eigenen Interessen in dem Lichte des Mutualismus;
daß er die freie Assoziation zu einem bestimmten Zwecke im Gegensatz zur Zwangs=
vereinigung des Staates, 'die Freiheit, welche sich darauf beschränkt, die Gleichheit
in den Mitteln der Produktion und beim Tausche der Produkte aufrecht zu erhalten', verteidigt, als die 'einzig mögliche, gerechte und wahre Gesellschaftsform'."

VI.

Aus diesen Ausführungen dürfte zur genüge hervorgehen, daß der individualistische Anarchismus neuester Observanz in der Betonung der wirtschaftlichen Freiheit den Gedankengang des allbekannten reinen Manchestertums fortsetzt und in seiner Hervorkehrung der Zwangsabstreifung und des ungestörten Spieles aller Kräfte Konsequenzen zieht, welche jenes von bestimmtem Punkte an ablehnt; während andererseits die unklaren kommunistischen Anarchisten ihr inhaltliches Ziel selbstverständlich dem kommunistischen Sozialismus entlehnt haben.

Aber darum thun doch beide Richtungen — das Anstreben der sozialistischen Produktionsweise im demokratischen Staate, wie das Festhalten am geschichtlichen Privateigentum — gegenseitig sich Unrecht, wenn jede der anderen den Anarchismus als nur zu ihr gehörig zuschieben will.

Vielmehr liegt es systematisch so, daß der Anarchist dem Sozialisten wie dem Bürger gleichmäßig feindlich gegenübersteht und das ihnen beiden gemeinsame Mittel der menschlichen Organisation, den rechtlichen Zwang als solchen angreift. Zunächst muß daher der Anarchismus überwunden sein, und dann erst kann logischer Weise eine Auseinandersetzung zwischen Sozialismus und Individualismus stattfinden. Die zutreffende Systematisierung ist also: 1) Anarchismus — Organisation der menschlichen Gesellschaft nur unter Konventionalregeln; 2) Rechtsorganisation a) auf grund des überlieferten Privateigentums, b) mit sozialistischer Produktionsweise.

Dasjenige, was die verschiedenen Richtungen des sozialen Lebens wissenschaftlich grundlegend scheidet, ist die formale Regelung in ihrer jeweiligen Sonderart; — diese Form der menschlichen Gesellschaft kann nach den früheren Erörterungen entweder eine rechtliche oder eine solche nur unter Konventionalregeln sein. Soziales Leben als eigenes besonderes Ding ist erst dann vorhanden, wenn und soweit durch menschlich gesetzte Normen eine Regulierung gemeinschaftlichen Daseins und Verkehrs vorliegt. Die Regeln des Verhaltens zusammenlebender Menschen konstituieren erst den Begriff einer menschlichen Gesellschaft. Darum muß die besondere

Art und Weise dieser Regeln für die Eigenart einer konkreten Menschengemeinschaft grundsätzlich bestimmend sein; und der Inhalt der Regeln, die Materie dessen, was normiert und gesetzt wird, ist im letzten Sinne und in der wirklichen Bedeutung und Tragweite von dem Charakter der fraglichen Form, von der Sondereigenschaft der Regulierungsart bedingt und abhängig.

In der That wird der Sinn selbst der am schärfsten gedachten Lehre vom „laisser faire, laisser aller" als der Aufgabe des Rechtsstaates, auch der schroffste Ausdruck eines, wie man gesagt hat, Raubtierkampfes um das Dasein gänzlich verkehrt und gewandelt, sobald man die volle Freiheit des Wirtschaftslebens in die Meinung des individualistischen Anarchismus übersetzt und den Rechtszwang gänzlich aufhebt. Denn jene zuerst genannte Doktrin hält doch immer den Grundsatz der juridischen Gebundenheit und des Verhaftetseins eines jeden in der Rechtsgemeinschaft, in die er zugehörig hineingeboren wird, fest; und durch Betonung wirtschaftlicher Freiheit im Rahmen der Rechtsordnung kommt sie zu dem Ergebnisse der wirtschaftlichen Ungleichheit, die sie ja auch, besonders wegen der darin gelegenen Anspornung für den einzelnen, für nützlich und an sich zweckmäßig verteidigt. Der individualistische Anarchismus aber, da er die rechtliche Norm ganz und gar über Bord wirft, erstrebt dadurch gerade das entgegengesetzte Resultat, die wirtschaftliche Gleichheit. Auch er wirft der Manchesterlehre vor, daß sie den Fehler begehe, von einer ganz zufälligen Verteilung des Eigentumes und einem willkürlich angenommenen Zeitpunkt der wirtschaftlichen Lage auszugehen, um nun plötzlich volle ökonomische Freiheit unter dem „Nachtwächterstaat" zu fordern; und er hat es dem gegenüber darauf abgesehen, alle privilegierende Ungleichheit zu beseitigen. Er vermeint, es mit den oben näher besprochenen Mitteln im Sinne Proudhons oder Stirners erreichen zu können; aber er kommt dabei zweifellos sachlich zu dem Schlusse, den Fichte bei seinem sozialistischen Ideale des „geschlossenen Handelsstaates" als Aufgabe des Rechtes bezeichnete: erst jedem das Seinige zu geben und dann ihn darin zu schützen.

Ich betone das Verhältnis dieser sozialen Richtungen zu einander um so stärker, als manche sozialistische Schriftsteller der Gefahr erlegen sind, gegenüber der Lehre des Anarchismus kurzer Hand auf den Sozialismus als die allein richtige Gesellschaftsordnung hinzuweisen und mit dem leicht hingeworfenen Gegensatze von Egoismus und von Brüderlichkeit die hier interessierende Frage abzuthun. Dies ist falsch, weil das Prinzip der Brüderlichkeit ganz in demselben Sinne auch von der herrschenden Gruppe der Anarchisten vorangestellt wird; und es ist unlogisch, da es die eine Möglichkeit, der Rechtsordnung einen bestimmten Inhalt zu geben, als

Gegenstück zu der Leugnung der Berechtigung jeglichen Rechtszwanges aufstellen will.

Darum werden auch die von uns getroffenen Autoren der Theorie des Anarchismus und deren wissenschaftlicher Bedeutung überhaupt nicht gerecht. Sie verfehlen die systematische Stellung, welche dieser Theorie innerhalb der Sozialwissenschaft zukommen muß. Und doch sollte nicht übersehen werden, daß die anarchistische Doktrin wissenschaftlich fruchtbar gemacht werden kann, sofern man eben nur einmal verurteilslos dem Gange ihrer Gedanken folgt.

Dazu ist vor allem erforderlich, daß man die Frage: ob unter den jetzigen Verhältnissen ein anarchistischer Zustand wünschenswert sei? — einmal gänzlich beiseite läßt. Die für alle Politik und Sozialwissenschaft prinzipielle Unterscheidung von Ziel und Mitteln läuft dabei Gefahr, verwischt zu werden. Zuvörderst aber muß die Theorie über das anzustrebende Ziel Klarheit und Wahrheit festgestellt haben, und dann erst kann die Frage nach den konkreten Mitteln, durch die er dem wissenschaftlich bestimmten Ziele nachzustreben gewillt ist, von seiten des praktischen Politikers, nutzbringend erwogen werden. Anderenfalls ist blindes Herumstochern von Fall zu Fall nach dunklem und unklarem Drange unvermeidlich, eine deswegen sehr begreifliche allgemeine Unbefriedigtheit aber die notgedrungene Folge.

Und was würde dem Anarchismus gegenüber der so elende Satz daß er vielleicht „in der Theorie richtig sei, nicht aber für die Praxis tauge", erledigend ausrichten können? Auch derjenige, dem dieser fadenscheinige Sinnspruch noch nicht zur einfachen Unwahrheit geworden ist,*) könnte ihn gegen die hier behandelte Theorie gar nicht verwerten. Denn in erster Linie dreht es sich bei dem Anarchismus um eine negierende Bekämpfung des überlieferten Rechtszwanges: daß dieser in sich etwas Berechtigtes und Notwendiges sei, das wird von dem Anarchisten geleugnet. Jener Gemeinplatz müßte also zum Zwecke der Verteidigung des Rechtszwanges die fatale Umkehrung erfahren: „Das Recht ist zwar in der Theorie unbegründet, taugt aber gut für die Praxis", — welchen Unsinn wohl noch niemand im Ernste behauptet hat.

Es ist also der prüfenden Frage niemals auszuweichen, ob die rechtliche Zwangsordnung etwas Berechtigtes und Unvermeidliches wirklich sei: und die heutige Zeit auf diese Grundfrage sozialwissenschaftlicher Erkenntnis mit ganz besonderer Schärfe wieder gestoßen zu haben, — das darf die anarchistische Doktrin für sich in Anspruch nehmen.

------

*) S. hierüber Kant, Ueber den Gemeinspruch: Das mag in der Theorie richtig sein, taugt aber nicht für die Praxis (1793), (Ges. Werke, herausgegeben v. Hartenstein Bd. V. S. 363 ff.)

Die wissenschaftliche Bedeutung der Theorie des Anarchismus liegt darin, daß in ihr der radikalste Skeptizismus in Sachen der Rechtsordnung beschlossen ist.

Es wird ihr also der Wert zukommen können, welchen jeder systematische Zweifel für die Wissenschaft zu haben vermag: aufmerksam zu machen auf überlieferte Dogmen, deren Wahrheit vor eindringlicher Skepsis durch wissenschaftlichen Beweis nicht genügend sicher gestellt ist, — anzuregen aber zugleich zu kritischem Aufbau, der, unter steter Berücksichtigung einer möglichen fundamentalen Anzweiflung, schaffend vorgeht. So ist der schroffste Zweifel als Frage bedingungslos zuzulassen und der Kampf mit ihm aufzunehmen; versuchend, ob man das Schwert besiegt ihm ausliefern müsse, oder aber ob es möglich sei, ihn mit Gründen kritisch beduzierender Wissenschaft zu schlagen.

Nun ist aber die skeptische Frage: ob der eigentümlich geartete Befehl der rechtlichen Zwangsgebote an sich und allgemein gerechtfertigt werden könne? — durchaus nicht von der Schwelle abzuweisen.

Der rechtliche Zwang ist nicht schon von Natur bestehend, sondern bedeutet einen Anspruch, den Menschen anderen Menschen gegenüber befehlend erheben; und die geschichtliche Erfahrung liefert doch nur die Thatsache, daß befohlen und gehorcht wurde und wird. Aber ist jener Anspruch und dieses Gebieten allgemein berechtigt und unentbehrlich? Die Rechtsordnung ist ein Mittel im Dienste menschlicher Zwecke. Kann die Anwendung dieses Mittels als notwendig und allgemein gültig dargethan werden oder nicht?

Dabei gilt es hier fundamental den Zweifel an der Berechtigung des Rechtes als solchen. Das Problem geht auf den Rechtszwang an und für sich, ganz formal genommen und losgelöst von allem irgend welchem Inhalte bestimmter rechtlicher Satzungen. Wenn es freilich nicht gelingen sollte, die Berechtigung des rechtlichen Zwanges überhaupt allgemein gültig darzuthun, so würde die Frage nach diesem oder jenem Inhalte regulierender Normen mit Rechtszwang objektiv gar keinen Wert mehr haben.

Ich schließe die Darlegung meiner Fragestellung mit deren konziser Fassung:

Läßt sich als allgemein gültig beweisen, daß für die Organisation menschlichen Zusammenlebens der rechtliche Zwang notwendig ist?

VII.

Bei unserer Frage wurde die Berechtigung einer Organisation des menschlichen Zusammenlebens überhaupt vorausgesetzt. Aber diese Vorwegnahme kann keine besonderen Schwierigkeiten bereiten. Denn daß durch soziale Vereinigung, das ist einer solchen unter bestimmten Regeln, die Kräfte des Menschen derart gehoben und entwickelt werden, daß nunmehr erst alle Kultur irgend welcher Art uns möglich erscheint, ist eine einfache Thatsache der Erfahrung.

Stirner läßt seinen Gegner den Einwand machen: „Der Staat ist das notwendigste Mittel für die vollständige Entwickelung der Menschheit"; — und entgegnet von seinem Standpunkte aus folgerichtig: „Er ist es allerdings gewesen, so lange wir die Menschheit entwickeln wollten; wenn Wir aber Uns werden entwickeln wollen, kann er Uns nur ein Hemmungsmittel sein." Aber auch er will damit nur die Notwendigkeit der staatlichen Zwangsgewalt ablehnen, nicht jede organisierte Vereinigung verwerfen, deren Unerläßlichkeit er vielmehr, wie wir sahen, als ganz sicher hinstellt, „weil Einer den Andern braucht".

Der vereinzelte Mensch als ein in voller Regellosigkeit lebendes Wesen, nur durch Naturtriebe mit anderen in Beziehung stehend, ist überhaupt schwer vorzustellen; denn dazu würde gehören, daß er niemals in geregelter Gemeinschaft gestanden hätte, und es könnte nicht genügen, daß er einer solchen als nunmehriger Einsiedler sich möglichst entziehen will oder zeitweilig dieses, wie Robinson, gänzlich ausführen muß. Von einem grundsätzlich vereinzelten Menschen jener ersten Art wissen wir aus geschichtlicher Erfahrung nichts. Wir kennen in Wirklichkeit nur Menschen, die in geregelten Vereinigungen leben, aus solchen hervorgegangen sind, ihr Bestes, was sie ihr eigen nennen, aus ihrer Gemeinschaft empfangen haben, um es in bestimmter Art ihr wieder zurück zu erstatten: für das uns wissenschaftlich allein bekannte soziale Leben des Menschen ist es in der That mehr als ein geistvolles Paradoxon, wenn ein zeitgenössischer Philosoph in nicht veröffentlichter Ausführung das Wort sprach: — „das Individuum ist eine Fiktion, so gut wie das Atom."

Aber es widerstreitet andererseits einer möglichen Erfahrung ganz und gar nicht, eine volle Auflösung alles sozialen Lebens sich vorzustellen. Der Mensch, als lediglich Naturwesen, könnte, anderen Tieren gleich, in voller Regellosigkeit auch leben. Eine Naturnotwendigkeit für das Setzen regulierender Normen und die Schaffung eines sozialen Lebens liegt nicht vor; und alle bestimmenden Regeln für menschliches Verhalten gegen einander sind Menschenwerk und als Mittel und Instrument nur aufzufassen.

Und umgekehrt liegt im Gebote des Sittlichen an und für sich keine notwendige Forderung nach einer äußeren Organisation. Als unbedingter Endzweck kann weder die rechtliche und staatliche, noch die bloß konventionale Regulierung auftreten; jener ist immer nur ein guter Wille und die Bestimmung des menschlichen Handelns durch ihn. Dazu aber sind keine Paragraphen noch Satzungen anderer Menschen erforderlich. Ja, es müssen solche normierende Befehle, soweit sie als zwingende Gebote dem einzelnen gegenüber wirken, dessen sittlich gute That verhindern: da er nun nicht mehr aus guter Gesinnung, sondern „durch Zuckerbrot und Peitsche" kausal bestimmt, sich äußert. Auch nach dieser Seite hin giebt es eine absolute Unerläßlichkeit einer von außen her bestimmenden Regulierung des menschlichen Zusammenlebens gar nicht.

Wohl aber bietet eine Organisation durch Regeln so zweifellose relative Vorzüge, daß es hiernach eine Thorheit wäre, auf dieses technische Mittel zur Vervollkommnung des menschlichen Daseins zu verzichten.

Der vereinzelte Mensch, außerhalb menschlich geregelter Beziehung zu anderen gedacht, würde schwerlich ein anderes Dasein als ein nur kausal bestimmtes zu führen vermögen. Daß er sich Zwecke setzte, durch deren Verfolgung er in seinem Menschtum über die Tierwelt hinaus käme, kann zwar auch bei der Unterstellung des gänzlichen Fehlens von gesetzten menschlichen Regeln nicht als unmöglich behauptet werden: die genannten heteronomen (von außen her an den einzelnen herantretenden und äußerlich legales Verhalten fordernden) Regeln sind weder eine unerläßliche Bedingung für die natürliche Existenz des Menschen, noch auch für die Setzung von Zwecken und für das Wollen aus guter Gesinnung. Allein mehr als ein höchst kümmerliches Dasein kann für die beiden Richtungen des menschlichen Lebens in regelloser Isoliertheit von dem Menschen, nach allen übersehbaren Daten der Erfahrung, nicht erreicht werden.

Bei der Frage nach der geregelten Organisation des menschlichen Zusammenlebens überhaupt läßt sich also über deren relative Berechtigung nicht hinauskommen; sie ist ein verhältnißmäßig tüchtiges Mittel, dessen Vorhandensein und Durchführung große Vorteile einem gänzlich regellosen Zustande gegenüber bieten muß. Nur durch geregelt vereinigte Thätigkeit in einer arbeitsgegliederten Gesellschaft läßt sich bei den beschränkten Kräften und Fähigkeiten des einzelnen Menschen die wissenschaftlich-technische Beherrschung der Natur auf höhere Stufe fortschreitend bringen; und erst bei einer heteronomen Regulierung des menschlichen Nebeneinanderlebens kann aus dem gleichen Grunde eine bessere Gewähr geschaffen werden, daß dem Menschen nicht vernunftgemäßes Wollen und sein Handeln nach Zwecken durch dritten Eingriff willkürlich gestört und erschwert werde. Ein Fortschritt im gestaltenden Schaffen der Kunst kann wohl nur in der festen Tradition, die aus geregelten Organisationen hervorgeht, förderlich gewonnen werden. Und vor allem ist die Aufgabe der Erziehung und Bildung allein durch planmäßiges Unternehmen und Vollführen organisierter Gemeinschaften in nennenswerter Weise erfüllbar. „Weil wir — wie das Volk sich ausdrückt — nicht Engel sind", darum brauchen wir das technische Mittel einer regulierenden Organisation unter den Menschen: mehr und Tieferes läßt sich im Kerne hierüber nicht sagen. —

Aber muß es denn gerade eine rechtliche Zwangsorganisation sein? Es scheint fast, als ob unsere Jurisprudenz diese Alternative als selbstverständlich angenommen hätte: entweder regelloser Zustand oder Rechtszwang. Wenigstens kann man, seitdem Hobbes (1588—1679) für den rechtlosen „Naturzustand" die Formel des „Krieges aller gegen alle" aufgebracht hat, die Berufung darauf durchgängig in dem Sinne wahrnehmen, als ob dadurch eine Deduktion des Rechtes und der staatlichen Zwangsgewalt geliefert werden könnte, während aus jenem in Wirklichkeit nur das Wünschenswerte einer regelnden Organisation überhaupt folgen würde.

Unter den zwei verschiedenen Möglichkeiten dieser letzteren aber scheint an und für sich der Rechtszwang den Vorzug gar nicht zu verdienen, sondern die an früherer Stelle von mir davon abgegrenzten Konventionalregeln. Der rechtliche Zwang entfernt sich am meisten von der vollen Freiheit des einzelnen in seiner Zwecksetzung für sich; sein Anspruch auf objektive Geltung muß durch Gewalt sich durchsetzen; und es hat in der That etwas Befremdendes, wenn jemand nicht nur unter Regeln gezwungen stehen soll, die er möglicherweise verwirft und überzeugt bekämpfen muß, sondern wenn er sogar infolge dessen gern ausscheiden und auf alle wirklichen oder angeblichen Wohlthaten gerade dieser sozialen Gemeinschaft verzichten möchte, er es aber nun — nicht darf. Denn die Rechtsordnung erhebt, wie ich früher ausführte, den Anspruch: daß sie allein bestimme, wer zu ihr gehöre und ihr unterthan sei; und sie selbst nur giebt autoritativ an, ob und unter welchen Erlaubnisbedingungen jemand von ihrem gebietenden Ansprüche frei und ledig sei. Und diese Prätension des Rechtes wird um so leichter der Anzweiflung verfallen, wenn man sich erinnert, wie die bestehenden Rechtsgemeinschaften in oft sehr unverständigen geschichtlichen Zufälligkeiten entstanden sind und bestehen, und welche große Rolle bei ihrer Bildung vielfach Willkür, Schlechtigkeit und rohe Gewalt gespielt haben.

Die Bildung freier Genossenschaften, bloß unter Konventionalregeln vermeidet diese Schwierigkeit. Hier untersteht der einzelne ebenfalls einer äußerlich ihm gegenüberstehenden Regel, und zwar einer solchen, die einen ganz außerordentlichen thatsächlichen Zwang auszuüben pflegt; aber ihr Geltungsanspruch reicht nur so weit wie seine Zustimmung zu seiner Unterwerfung. So lange er der Vereinigung angehört, unterliegt er jenen Normen; allein ob er dazu gehöre, das beantwortet sich nach seiner Entschließung. Es sei gestattet, zur Illustrierung hier nochmals an das Einzelbeispiel von freien Kirchengemeinden zu erinnern, wie Sohm sie fordert, gegenüber dem Zwangsanspruch des Kirchenrechtes, wonach dieses, und nicht der Gläubige selbst, über Zugehörigkeit und möglichen Austritt aus der kirchlichen Gemeinschaft maßgeblich bestimmen will, — sei es auch, daß es ihm den Austritt zur Zeit beliebig gestattet.

Gegenüber dieser doppelten Möglichkeit einer geregelten Organisation versagt der Versuch, den Rechtszwang als solchen aus dem ansonst drohenden Kriege aller gegen alle zu deduzieren, vollständig. Indem der Anarchismus wesentlich auf die Leugnung der Berechtigung der rechtlichen Ordnung hinausgeht und diese besondere Art von Organisation bekämpft und für willkürliche Gewalt ausgiebt, welcher gegenüber die konventional zusammentretenden Gruppen allein berechtigt seien, — wird er durch die soeben angeführte rechtsphilosophische Meinung in nichts widerlegt.

Die Eigenschaft einer Regel als eines rechtlichen Zwangsgebotes bewirkt eine äußere Sicherheit des ihr Unterworfenen an und für sich noch gar nicht: da kommt es noch sehr auf den Inhalt jener Regel an. Vielleicht steht es damit so — und die Geschichte weist derartige Fälle genugsam auf —, daß gerade durch die straffe Organisation unter juridischen Normen eine recht starke Unsicherheit der Unterthanen unter den Machthabern obwaltet. Auch das Sklavenwesen hat „von Rechts wegen" bestanden, ohne dem alsdann als Objekt behandelten Menschen Schutz von Leben, Familie und Eigentum gewährleistet zu haben; und jeder wird sich historischer Beispiele in Fülle entsinnen, da auch unter den Freien in rechtlich organisierten Gemeinwesen Willkür und Gewalt geherrscht hat und von Sicherheit des einzelnen betreffs der genannten Güter oft nicht annähernd die Rede war.

Aber wie schlimm würden wir alle auch in unseren modernen Verhältnissen daran sein, wenn wir auf die Wirkung des Rechtszwanges allein angewiesen wären. Der Satz des Euripides „χρηστὸς τρόπος γ' ἐστ ἀσφαλέστερος νόμου"*) ift auch heute keine verklungene Erfahrung. Die Furcht vor staatlich zu büßender Strafe namentlich giebt kaum den stärksten Impuls zur Befolgung der herrschenden Regeln ab. Es ist gar nicht einzusehen, weshalb der mächtige Antrieb zu geregelter Ordnung hin, wie ihn unsere dermaligen Konventionalregeln auf den einzelnen erfahrungsgemäß bewirken, nicht überhaupt zur Aufrechterhaltung einer geordneten Organisation ausreichen sollte, und der eingreifende Druck, den geschichtlich beobachtete Konventionalgemeinschaften nach außen hin ausgeübt, nicht allgemein ein friedliches und gesichertes Zusammenleben der Menschen gewährleisten könnte.

Man wird auch nicht sagen dürfen, daß dann die einzelnen frei sich organisierenden Gruppen und Genossenschaften leicht unter einander in Streit kommen könnten und der Krieg aller nun nicht unter den einzelnen Menschen, aber doch rücksichtlich ihrer Gemeinschaften stattfinden würde. Denn den Krieg hat auch der Rechtszwang zu keiner Zeit verhütet, auch ihn heute nicht beseitigt; nach wie vor besteht die verhängnisvolle „ultima ratio regum"; und eine „oberste Instanz", welche man bei der Organisierung der Menschheit in frei gebildeten Gesellschaften vermissen möchte, die hat gerade das Recht weder zu schaffen vermocht, noch verspricht es eine solche in naher Aussicht. Gerade im Gegenteil lehrt die Erfahrung der Geschichte, daß, je straffer und schneidiger ein Staat unter einer Centralgewalt zusammengefaßt ist, um so leichter und besser er sich zur Kriegführung eignet, während alle freieren und mehr lose zusammenhängenden Gemeinwesen zur Erlangung kriegerischer Lorbeers weit untüchtiger zu sein pflegen.

Nun hat es aber überhaupt sein Bedenkliches, phantasierend auszumalen, wie sich das menschliche Leben unter dieser oder jener besonderen Organisation ausnehmen möchte. Prophezeien ist eine schwere Kunst; und auf mehr als auf recht beschränkte und konkret vorgestellte Thatumstände kann es sich mit Fug überhaupt nicht erstrecken. Dadurch aber würde das Ziel unserer Untersuchung ganz aus den Augen verloren werden. Denn durch jene Erwägung könnte höchstens für ganz bestimmte historische Verhältnisse ein Mehr oder Weniger von momentanen Vorzügen für rechtliche oder konventionale Ordnung plausibel gemacht werden; die Frage aber: ob von den beiden möglichen Arten der Organisation die eine einen allgemein gültigen Vorrang hätte, bliebe ungelöst beiseite liegen. Man würde dabei verharren, daß die Rechtsordnung wirklich nur eine ererbte Willkürherrschaft und zufällige Gewalt darstellte, die vielleicht zur Zeit eine traurige und üble Notwendigkeit wäre, indessen „eigentlich" das Ideal des Anarchis-

---

*) „Die gute Sitte ist sicherer denn das Gesetz."

mus — die Regelung nur durch konventionale Normen — das Richtige enthalte; es würde nicht dargethan sein, daß unter der Voraussetzung regulierender Satzungen überhaupt die rechtliche Organisation eine allgemein gültige Berechtigung besitze, die von konkreter und vorübergehender geschichtlicher Sachlage gänzlich unabhängig sein muß.

Eine derartige Resignation ist durch nichts geboten; sie ist sachlich ganz und gar unzutreffend. Und es ist die Theorie des Anarchismus, welche uns besonders dringlich auf einen Gedankengang führen muß, der seither in der rechtsphilosophischen Litteratur nirgends hervorgetreten ist, ob er gleich in allgemein gültiger Art die Unentbehrlichkeit des rechtlichen Zwanges an sich und die Berechtigung der juridischen Organisation als solcher begreiflich macht.

Denn das Gegenstück zu unserer Rechtsordnung, die Art des sozialen Lebens, wie sie dem Anarchismus als Ideal und Zielpunkt vorschwebt, ist die Vereinigung und Ordnung der Menschen in frei gebildeten Genossenschaften und lediglich unter Konventionalregeln. Mag dem einzelnen Anarchisten der Verein von Egoisten als Postulat vorschweben oder brüderlicher Kommunismus sein Wunsch sein —: immer bestimme ein jeglicher selbst über seine Zugehörigkeit zu bestimmter Gemeinschaft. Er gehe frei die Konvention ein und löse sie in eigener Entschließung wieder, — die vertragsmäßige Uebereinkunft ist es, die ihn bindet, so lange sie besteht, die er allererst eingehen muß und die er in unbedingter Schrankenlosigkeit jederzeit durch neue Willenserklärung außer Kraft setzen kann.

Danach ist deutlich, daß diejenige Art ordnender Organisation, die den Kern der Theorie des Anarchismus abgiebt, doch nur für solche Menschen möglich ist, die zur vertragsmäßigen Vereinigung mit anderen thatsächliche Fähigkeit besitzen.

Der Handlungsunfähige, wie wir Juristen sagen, das kleine Kind, der Geistesgestörte, der schwer Kranke und gänzlich Altersschwache, sie alle wären von geregelter Organisation und allem sozialen Leben vollständig ausgeschlossen. Denn sobald man beispielsweise den Säugling in die Gemeinschaft ohne weiteres aufnähme und deren Regeln unterwürfe, hätte man ja sofort den Rechtszwang wieder eingeführt und eine Herrschaft über einen Menschen ausgeübt, ohne daß diese regelnden Normen auf dessen Zustimmung in ihrem Geltungsanspruche gegründet wären.

Die anarchistische Organisation des gesellschaftlichen Daseins der Menschen ist also darin verfehlt, daß sie nur für bestimmte, empirisch besonders qualifizierte Menschen zugänglich ist und anderen Menschen, denen die genannten Eigenschaften fehlen, verschlossen bleibt.

Ich deduziere mithin die Notwendigkeit des rechtlichen Zwanges nicht daraus, daß es den Kleinen und Schwachen sonst „schlecht ergehen" würde; denn dieses kann ich im voraus und allgemein feststehend gar nicht wissen. Ich leite auch nicht die berechtigte Existenz einer Rechtsordnung davon ab, daß nur unter einer solchen die „wahre" Freiheit jedes einzelnen gedeihen könne, dessen Sphäre vor unerwünschtem Eindringen Dritter nun vollauf sicher gestellt wäre; das wäre nach geschichtlichen Daten ganz unberechtigt und würde aus dem formalen Rechtszwange an und für sich noch ganz und gar nicht folgen. Ich gründe vielmehr das Recht des Rechtes in seinem formalen Bestande auf die Erwägung, daß die rechtliche Organisation die einzige ist, welche allen Menschen ohne Unterschied besonderer zufälliger Eigenschaften offen steht.

Organisieren heißt: unter Regeln vereinigen. Eine solche Regulierung menschlichen Verhaltens ist Mittel zum Zwecke, ein Instrument im Dienste der Verfolgung des Endzweckes möglichster Vervollkommnung der Menschen. Eine allgemeine Berechtigung kann mithin nur diejenige Regelung des menschlichen Zusammenlebens beanspruchen, welche in allgemeiner Weise alle Menschen ohne Rücksicht ihrer subjektiven und verschiedenen Eigentümlichkeiten umspannen kann. Und das ist allein das Recht.

So bleibt auch in einem schlechten Rechte der Rechtszwang an sich genommen als wohl begründet zurück. Seine Existenzberechtigung wird durch etwaige Verwerflichkeit des betreffenden konkreten Rechtsinhaltes nicht getilgt oder auch nur berührt: er ist begründet, weil er allein die Möglichkeit der allgemein gültigen, weil allgemein menschlichen, Organisation bietet. Darum kann nicht in der Abschaffung des rechtlichen Zwanges als solchen, sondern nur in der Vervollkommnung des geschichtlich überlieferten Rechtes seinem Inhalte nach der soziale Fortschritt gefunden werden.

Dieses enthält eine nach jeder Seite hin ausreichende Deduktion des Rechtszwanges. Unter der Voraussetzung regelnder Organisation des menschlichen Lebens kann nur diejenige Ordnung allgemeinen Geltungsanspruch behaupten, die von allen Sonderqualitäten einzelner bestimmter Menschen absieht und jeden Menschen als solchen zu umschließen die Fähigkeit hat. Die anarchistischen Genossenschaften können dieses nicht leisten, da sie für ihre Mitglieder konkrete Eigenschaften fordern. Das Recht allein vermag Gemeinwesen zu schaffen, die in der Frage der Zugehörigkeit ihrer Mitglieder von allen empirischen Zufälligkeiten in deren Person gänzlich unabhängig sind. So ist unter den zwei verschiedenen Arten sozialer Organisation die Rechtsordnung diejenige, welche allein eine allgemein gültige Berechtigung aufweisen kann: und dieses ganz formal genommen, den rechtlichen Zwang also an und für sich betrachtet, losgelöst von allem besonderen Inhalte bestimmter geschichtlicher Rechtssatzungen.

Diese letztgenannte Frage nach dem rechten Inhalte einer Rechtsordnung ist nun erst auf der Grundlage der eben gegebenen Lösung vorzunehmen. Es ist ein häufiger methodischer Fehler, daß die zwei Probleme nicht bewußt und scharf genug getrennt und auseinander gehalten werden: die Untersuchung, ob der rechtliche Zwang als solcher sich als berechtigt darthun läßt, und die Erwägung darüber, ob **unter der Voraussetzung der Bejahung jener Frage bestimmte Rechtsnormen inhaltlich zu rechtfertigen seien.**

Die oben erwähnte Frage nach der Berechtigung des Kirchenrechtes gehört somit zu dem zweiten Problem. Sohm setzt den Rechtszwang im allgemeinen unbezweifelt voraus und stellt nur dessen Erstreckung auf die Regulierung des kirchlichen Gemeindelebens in zweifelnde Abrede. Es ist also ein bestimmter Inhalt des geschichtlich überkommenen Rechtes in seiner Berechtigung fraglich geworden, nicht aber die Rechts= ordnung als solche und der objektive Geltungsanspruch des Rechtsgebotes an sich in Erörterung gezogen.

Und so steht es mit jedem anderen Rechtsteil, wie etwa dem Straf= rechte, oder mit besonderen einzelnen Rechtsinstituten, als Privateigentum, Vertragsbindung, Erbrecht u. s. w. Es ist unmöglich, von ihnen eine prinzipielle Begründung zu geben, die von der Vorfrage nach dem Rechte der Rechtsordnung überhaupt unabhängig wäre. Vor allem hat dieses, wie früher besprochen wurde, von dem sozialistischen Problem zu gelten. Es könnte viel Wirrnis und Unklarheit in dessen Erörterung gespart werden, wollte man sich allgemein stets vorhalten, daß der ökonomische Sozialismus im Sinne der Kollektivierung der Produktionsmittel eine besondere Art recht= licher Organisation bedeutet, und daß darum seine wissenschaftliche Unter= suchung unter die Fragen gehört, welche unter dem genannten zweiten Pro= blem — **nach dem berechtigten Inhalt eines bestimmten Rechtes** — sich zusammenfassen.

Diese Fragen verlangen ihre besondere Untersuchung nach den treibenden Kräften der Rechtsentwickelung und der allgemeinen Gesetzmäßigkeit des sozialen Lebens, vor allem unter Berücksichtigung des Verhältnisses von Wirtschaft und Recht. Sie sind es, deren einheitliches Ziel für soziale Erkenntnis und politisches Handeln wir in dem Worte Kants wiederfinden, das, nach unseren Ausführungen, der Theorie des Anarchismus gegenüber als ungeschmälert zutreffend aufrecht erhalten werden muß:

„Das größte Problem für die Menschengattung, zu dessen Auf= lösung die Natur ihn zwingt, ist die Erreichung einer allgemein das Recht verwaltenden bürgerlichen Gesellschaft."

Berlin, Druck von W. Büxenstein.